ANTOLOGÍA DE CHISTES Y OTRAS EXPRESIONES HUMORÍSTICAS CUBANAS

COLECCIÓN ANTOLOGÍAS

EDICIONES UNIVERSAL, Miami, Florida, 2014

JOSÉ SÁNCHEZ-BOUDY

ANTOLOGÍA DE CHISTES Y OTRAS EXPRESIONES HUMORÍSTICAS CUBANAS

Con la colaboración del Dr. Alberto Hernández-Chiroldes
y
Juan Manuel Salvat

Copyright © 2014 by José Sánchez-Boudy & Ediciones Universal

Primera edición, 2014

EDICIONES UNIVERSAL
P.O. Box 450353 (Shenandoah Station)
Miami, FL 33245-0353. USA
Tel: (305) 662-9293
e-mail: ediciones@ediciones.com
http://www.ediciones.com

Library of Congress Catalog Card No.: 2013949009
ISBN-10: 1-59388-257-2
ISBN-13: 978-1-59388-257-0

Composición de textos: María C. Salvat

Diseño de la cubierta: Luis García Fresquet

En la portada cartel, estilo Art Deco, pintado por Kerne Erickson en los años de 1940-1950.

Todos los derechos
son reservados. Ninguna parte de
este libro puede ser reproducida o transmitida
en ninguna forma o por ningún medio electrónico o mecánico,
incluyendo fotocopiadoras, grabadoras o sistemas computarizados,
sin el permiso por escrito del autor, excepto en el caso de
breves citas incorporadas en artículos críticos o en
revistas. Para obtener información diríjase a
Ediciones Universal.

Dedicatoria:

> El chiste pocas veces tiene autor conocido. Alguien lo dice o escribe y comienza a correr, a repetirse, «de boca a boca». Está en la tradición, en las paredes de los baños públicos, sale en revistas y periódicos. Hoy en día navegan por el internet cientos y cientos de chistes. A sus anónimos autores dedicamos este libro. Por su ingenio y por retratar o completar la cubanía. Por mantener la Cuba Eterna.
>
> José Sánchez-Boudy

Caricatura del Dr. José Sánchez Boudy por el artista Duany realizada en 1978 cuando enseñaba en la Universidad de North Carolina en Greensboro, de la que es hoy Profesor Emeritus.

ÍNDICE

PRÓLOGO / ESTUDIO 9

SOBRE LOS CUBANOS... CON HUMOR 35

CHISTES CUBANOS DE LA REVOLUCIÓN 49

CHISTES DEL EXILIO CUBANO 109

CHISTES CUBANOS DE SIEMPRE 145

PRÓLOGO / ESTUDIO[1]

No ha sido fácil hacer este prólogo. Por una razón muy sencilla: el chiste toca zonas sexuales; usa palabras sucias; malas palabras y, algunas veces, se propasa en el uso de palabras prosaicas o soeces. Ya que nací y me crié en una familia de costumbres cubanas, españolas y francesas de una gran rigidez, reforzada en mi caso por un abuelo francés criado en el siglo XIX, mi repugnancia para ciertas áreas y conceptos vulgares es enorme. Pero como el sexo y la mala palabra forman parte del chiste y casi todo el humor cubano tiene el elemento sexual como brote y base de lo cómico, no queda otro remedio que vencer el escrúpulo y, en aras de lo académico y de la verdad, transcribir el chiste tal cual es, sin omisiones o retoques que le quitan su espontaneidad y, por lo tanto, lo chistoso.

Muestro los chistes tal como los dicen, como lo han dicho, mucho de los cubanos por casi un siglo, los cubanos. Los oí desde mi niñez. Ellos responden a la idiosincrasia del cubano y a sus costumbres; a su manera de ser, inclusive a sus prejuicios, pero de forma chistosa, sin pasar juicio sobre el tema o la persona que se toca. Eso viene al caso en los chistes cubanos aquí incluidos que están desprovistos de discriminación racial, porque si hay pueblo tolerante y que no discrimina es el cubano, cuya religiosidad no es tampoco cerrada ni prejuiciada. Sépase así.

El chiste no ha sido estudiado en Cuba y, sin embargo, su importancia como material de estudio es importantísimo, porque a través de él descubrimos el carácter del cubano; su forma de ser, sus creencias, en fin, descubrimos el alma nacional cubana. En este prólogo, tiendo

---

[1] Muchos de los chistes y expresiones que recogemos en este libro son anónimas y se toman de la tradición oral, del internet y de otras fuentes.

a apuntar lo que acabo de decir, para que se haga algún día un mayor estudio que ahonde de una manera total en el alma nacional cubana. Y llevo a cabo en este prólogo un estudio somero de la historia y estructura del chiste y del humor cubano en especial.

Aquí hay chistes de argentinos, de polacos, de gallegos. Son incluidos por ser populares en Cuba, pero siempre con cariño hacia los gallegos, argentinos y polacos de cuya valía habla la historia.

***

NECESIDAD DE LA RISA

Todos los seres humanos necesitan reír. Es un proceso exclusivo de los humanos. Los hombres ríen por peculiares necesidades de la especie: la risa es un expediente biológico para sentirse contento y feliz. Se le puede aplicar aquello que se dice de la música: «el que canta, su mal espanta». Y en Cuba: «Gallo que no canta algo tiene en la garganta». La risa, por lo tanto, es una forma psicológica de la felicidad. El hombre se siente feliz cuando ríe. La risa desintoxica el alma.

La risa es, al mismo tiempo, un instrumento de sociabilidad: una sonrisa puede ganar un mundo. Hacia el que nos sonríe sentimos, enseguida, un tipo de solidaridad. El que sonríe, en la cultura española, «es un hombre simpático; ligero; que se da a querer». Y se le opone el que no ríe, que es el sinónimo del hombre desagradable; del «pesado», Es un tipo que en la cultura cubana no se soporta. Todo, decimos los cubanos, puede tolerarse, menos a un pesado. «Pesao» en cubano porque nosotros muchas veces omitimos la «d», como descendientes de andaluces que somos. Y los andaluces fueron los primeros que se asentaron en América. Los conquistadores provenían en su gran mayoría de las provincias andaluzas. La risa, es tan importante para el ser humano, que al hombre que no ríe se le considera un hombre malo. Por eso Nicolás Maquiavelo decía del Rey Católico en su libro *El Príncipe*, que era un hombre que no dejaba ver sus emociones, que tenía una cara dura, en donde no afloraba una risa, y que por ello era el prototipo del Rey astuto. Y lo mismo pasaba con Felipe 11, aunque sus cartas a su hermana Margarita de Parma, gobernadora de los Países Bajos, mostraban la ternura del rey. Pero no reía. Y del que no ríe, se dice en la cultura española, que tiene el alma seca. La unión entre el alma y la sonrisa es, por lo tanto, uno de los puntos más relevantes de la cultura hispánica, incluyendo a la cubana. En el Medioevo se creía que la risa estaba unida a los humores. Estos eran los que manejaban las características anímicas de los seres humanos. La risa, por lo tanto formaba parte del ánima del hombre. Esta era parte integrante del ser humano. A través del estudio de la concepción medieval de los humores comprendemos hoy la teoría de Freud sobre el chiste en relación con el inconsciente y, además, cómo el chiste forma parte del alma colectiva de los pueblos. En Cuba, cuando queríamos hablar de un chiste que no hacía reír, decimos que se trata de un «chiste alemán». Propio de un carácter de hombres que, equivocadamente, creemos que ríen poco. Porque en la concepción cubana del alemán vemos a éste como un ser distinto, con un carácter macizo, férreo.

Algunos piensan que la costumbre de los cubanos de «tirar todo a chiste» manifiesta falta de carácter o de personalidad. El que ríe, el que «vacila» (de vacilar) no es firme, es vacilante, y, por ello, no es confiable. Sin embargo, «vacilar» es una forma que tiene el cubano de desmontar una construcción falsa. Es una manera de revelar lo espurio y lo fraudulentamente encumbrado. Es, en otras palabras, una forma de bajar de los altares a los falsos santos o héroes.

El chiste no debe producir sólo risa. El chiste alemán, al que nos hemos referido antes, no hace reír. Pero produce anímicamente satisfacción oírlo. Lo pesado del chiste nos da satisfacción anímica. Y lo mismo pasa con el chiste cruel, del que hay muchos ejemplos, como el del hombre que toca a una puerta y cuando una madre contesta le dice: «Una guagua[2] le pasó a su hijo por arriba y aquí lo traigo». La madre le contesta: «Échemelo por debajo de la puerta». Este «chiste

---

[2] Guagua en Cuba se le dice a los ómnibus o autobuses, como en Canarias.

cruel» muestra una de las características fundamentales del humor. Muchos de los teóricos de este tema han dicho que en todo humor hay un error, un malentendido o una incongruencia. El «error» en el chiste cruel anterior consiste en que es imposible pasar a un ser humano por debajo de una puerta. Lo cruel del chiste es la actitud indolente de la madre ante la muerte de su hijo. Sin embargo, esta actitud monstruosa de la madre queda aminorada por el humor del chiste. Aquí tenemos otra característica del humor, a saber: hace que la crítica sea más leve porque estipula una verdad universal: todos somos imperfectos y por eso no podemos erigirnos en jueces severos de los demás. Hay en el humor un tinte de tolerancia para los demás y, muy importante, para el que hace el chiste.

No todas las personas reaccionan de la misma manera al chiste. La reacción está unida a peculiares condiciones anímicas del sujeto receptor. Por eso la reacción de cada persona, repito, no es igual. La cultura influye en la recepción del chiste. En Cuba existen enormes cantidades de chistes con tintes sexuales que son los más populares, y los que más hacen reír a muchos cubanos. Sin embargo hay gente que por su fobia hacia todo lo que tenga ingredientes sexuales rechazan el chiste con matices eróticos.

Freud creía que el chiste era una forma de darles salida a deseos reprimidos o tensiones psíquicas. Es una manera de aliviar la ansiedad que se produce por el miedo al futuro desconocido.. Chommsky, el lingüista de la Gramática Transformativa tomó de Descartes las ideas innatas, con las que se nace. Y también parte de su teoría de que la lengua no se aprende sino que se viene con ella. Probablemente el sentido del humor también es innato y hereditario.

El psiquiatra suizo Carl Jung, que se separó de las teorías freudianas, afirma que cada hombre participa de un alma colectiva y esto explicaría por qué un chiste que oímos en España se escucha igualmente en México; casi igual. El chiste, pues, con sus matices dados por la características de cada hombre, ambiente, raza y muchas más, es de carácter universal y ello permite, por lo tanto, las adaptaciones de un chiste, digamos húngaro, al español.

Pero el humor no es igual en cada persona. Hay gente que tiene una reacción desvirtuada hacia lo cómico y hay sociedades, como la cubana, que se precian de tener un gran sentido del humor. Sin embargo, lo humorístico existe de una forma u otra en todos los pueblos y en todas las personas porque, según Freud, la capacidad para reaccionar ante el humor reside en el inconsciente de todos los humanos, ya que es una forma de aliviar las tensiones producidas por los rigores del Super Ego. Por ello, según Freud, el humor tiene un valor terapéutico. Las sociedades que se precian de poseer un gran sentido del humor, quizás están manifestando que padecen de grandes tensiones no resueltas. Entonces, el «exceso» de humor en algunas sociedades puede ser un síntoma de una patología psicológica.

Volvamos al chiste que contiene lo cómico. Pero no olvidemos la diferencia entre lo cómico y el humor. Lo cómico es el ingrediente del chiste, el humor es la capacidad de hacerlo; de crearlo y de interpretarlo. Hay un chiste que dice de este modo: «había un niño que se llamaba Pascual Angulo y que era lo más cochino del mundo. Tenía una boca que era una fosa maura. ¡Cómo decía malas palabras! Cada vez que la maestra pasaba lista y decía: «Pascual Angulo», él contestaba «Te parto el culo». Si la vecina de al lado lo llamaba «Pascual Angulo» el contestaba: «te parto el culo». Por fin, la familia quiso llevarlo al psiquiatra para que resolviera el caso. El niño era travieso, pecoso, con el pelo alborotado, parecía un «golfo», de esos que nos pinta el cine. Cuando llegó al médico le preguntó la enfermera al tomarle las generales: «¿Así que tú te llamas Pascual Angulo?» El niño, inmediatamente, contestó: «Te parto el culo». La enfermera horrorizada entró en la oficina del Dr. y le contó lo que pasaba. Éste le contestó: «Mire, a estos pacientes hay que ser psicólogo para tratarlos. Usted verá como yo resuelvo el problema. Hágalo pasar». Cuando el niño estaba frente a él, el médico se paró, y le pasó cariñosamente la mano por el pelo, al mismo tiempo que le decía: —«¿Así que tú te llamas Angulo Pascual? El niño le contesta: «Te lo parto igual».» Este chiste muestra el orgullo del cubano de no dejarse «pegar». Explicamos lo que es «la pega» con un ejemplo. Los nombres propios o los apellidos pueden tener «estas pegas» es decir «que pegan con algo jocoso casi siempre de índole sexual». Si usted se llama Antonio Romano está perdido porque si se presenta y le dice a un guasón cubano: «Yo me llamo Antonio Romano» le contesta: «Agárramela con la mano». Para el cubano que lo «peguen» en cualquier forma es casi una deshonra. Hay distintos tipos de «pega,» como decirle a un muchachito, del barrio: «Ayer me compré una perlana» y cuando éste pregunta» «¿y qué es una perlana?» se le contesta: «Una pinga (pene) envuelta en lana» y se añade: «Te pegué».

El que «lo peguen» a uno es una afrenta. Eladio Secades, el más alto costumbrista cubano del siglo XX, afirmaba que no había más orgullo para el cubano que llegar a viejo y alardear de que nunca lo habían pegado. Porque esto muestra una particularidad del carácter cubano, a saber; nos sentimos orgullosos de la astucia que poseemos, de lo «vivos» que somos; por ello, que nos tomen de «comemierda» es una afrenta mayúscula. Esto es muy irónico porque al pueblo cubano lo han engañado muchas veces, sobre todo en las últimas décadas, como si fuéramos irremediablemente tontos.

El chiste es universal y muchas veces intemporal. Nos reímos con chistes que se han hecho cien años atrás. Mi padre me contaba cuando yo era niño chistes asturianos que aún me hacen reír. Y es que el chiste está en el inconsciente. Sin embargo, algunas personas tienen una capacidad especial, un talento, para contar los chistes, pero otros no tienen la misma maña para contarlo o para apreciar un chiste dicho o hecho por otro; porque saber reír de un chiste o de una situación jocosa es un talento que algunas personas no poseen.

Hay chistes que sólo tienen un motivo: inducir a reírse y no llevan ningún contenido social o filosófico o de otro tipo. Estos chistes van directamente a esa zona donde Henry Bergson, el famoso filósofo francés, afirmó que residía lo cómico. A esa rigidez del músculo y del espíritu de que nos habla Bergson.

Los cubanos también usamos el humorismo. El humorismo no llega a ser chiste pero produce lo inefable de lo cómico y algunas veces, dependiendo del estado de ánimo del oyente, lleva a risa aunque no con la intensidad del chiste. Este es un ejemplo del humorismo «que produce lo inefable». ¿En qué se parece un gallego enamorado a un balcón?— En que el balcón tiene macetas y el gallego enamorado le dice a la novia: «Me azetas o no me azetas». («Me aceptas o no?» Hay que pronunciar como un gallego»).

***

TEATRO BUFO
El llamado teatro bufo cubano nació en la colonia. Este teatro combinó el humorismo y el chiste en las llamadas piezas cómicas que se usaron como sátira política, aunque algunas veces no tenía intención crítica, como en muchas piezas de *El Marqués del Calzoncillo*, cuyo creador fue un gallego avecinado en Cuba, Castor Vispo, quien hizo, entre otras cosas, en la revista Bohemia la sección del «loquito.» Hubo además semanarios humorísticos como «Zig Zag» que se mantuvo en el Exilio por el tesón de su director José Roseñada. El Marqués del Calzoncillo alcanzó gran popularidad en el periódico Avance de los treinta en adelante y continuó, esporádicamente, en el exilio en la pluma del Ernesto Montaner. Artistas legendarios del teatro bufo en Cuba, fueron Acebal y Otero, Leopoldo Fernández y Aníbal de Mar, Garrido y Piñero. de estos últimos se ponía un «sketch» en el cine antes de la exhibición de las películas. Ellos constituyeron la pareja folklórica por excelencia de Cuba: «El negrito y el gallego» a la que se añadió el personaje del chino en el teatro el «Shangai», que celebró funciones la mayor parte del tiempo de la República después de los treinta del siglo XX..

Tan metido estaba en el alma nacional lo cómico que el teatro Alhambra que funcionaba desde los primeros años de la República, hasta que terminó después de los treinta, es una institución nacional y su impacto en la cultura cubana es enorme. Es interesante estudiar esta persistencia de lo cómico y el chiste en la vida nacional y cómo los grandes cómicos son personajes duraderos de la cultura cubana,. Esto es así a pesar del trágico destino de Cuba durante la Colonia y la vida turbulenta en la República. El humor parece ser una evasión de la tragedia nacional. Sin embargo, con la entronización del régimen comunista, la sátira política ha quedado muy mermada y relegada a un mundo clandestino y lleno de peligros.

La figura del humorista se ha continuado en el exilio y el chiste cuenta con notables cultivadores, articulistas y programas de radio o televisión, y en uno de ellos se combina a los artistas y productores del programa con el público diciendo chistes. Recordamos algunos, ya fallecidos, como Álvaro de Villa, Armando Couto, Guillermo Álvarez Guedes. Aunque la lista es larga y fecunda.

***

EL CHISTE Y EL CARÁCTER DEL CUBANO

El chiste que usan los cubanos refleja el carácter y la idiosincrasia nacional. Por ejemplo: el cubano cree que los judíos son sumamente inteligentes. Sin embargo, para demostrar que él lo supera en inteligencia, hace el siguiente cuento judío nacido en el exilio cubano, en sus primeros años, cuando aún el cubano tenía que luchar arduamente para subsistir. Este es el chiste:

Un cubano con cinco hijos estaba pasando una delicada situación económica, además, no podía alquilar casa porque no alquilaban a familia numerosa. En fin, estaba desesperado y encontró a un amigo que vestía muy bien. Era un cubano recién llegado como el, el amigo le dijo que un automovilista lo atropelló y que él «le puso un «su» (to suit: llevar a los tribunales por negligencia) y que logró una gran indemnización. Le recomendó al compatriota que hiciera lo mismo. El cubano con la familia numerosa, en cuanto lo oyó, fue para un barrio rico y se paró por la mañana a la salida de un garaje que daba a la calle y, cuando un señor judío dio marcha atrás para ir al trabajo, se tiró en el suelo gritando desesperadamente. Lo llevaron al hospital y dijo que no podía enderezarse, que el judío no miró, lo atropelló y lo dejó lisiado para el resto de su vida.

Puso un «su»[3] y le dieron cinco millones de dólares. El judío le señaló: «Cubano tú no tienes nada. Pero yo soy multibillonario y te voy a poner a mis hombres detrás y no podrás enderezarte el resto de tu vida. No vas a poder disfrutar del dinero». (Hay que hacer gestos imitando al cubano jorobado y sin pode casi ni hablar). Y así sucedió, pero un día los agentes del judío lo llaman y le dicen: «Jefe, el cubano está en el aeropuerto». El cubano tomó un avión». Cuando el avión, despega, lo tocan en el hombro. Es el judío que le dice: ¿Así que creíste que ibas a escapar? Pues te equivocaste. Siempre estás vigilado». (Hacer gestos el que lo cuenta mostrando al cubano jorobado y sin poder hablar). Al poco rato el judío toca de nuevo al cubano y le pregunta: «Cubano, y tú, ¿para dónde vas?» El cubano le contesta: «Yo voy para el santuario de Lourdes y vas a ver el milagro más grande que ha hecho la virgen».

La «viveza» del cubano se muestra en un chiste con tinte sexual:

El cubano, según el cuento, cayó en el infierno con un francés, un alemán y un gallego y el diablo le dijo que le iba a poner el castigo según el oficio que tuvieron en la vida. El demonio estaba con sus diablos. «A ver gallego, ¿y tú que fuiste? «Yo fui fogonero». Pues, que se la quemen». «Ay Ay». El cubano empezó a temblar y dijo para sí: «si no legislo el diablo me parte el alma. ¡Qué hijo de puta! Y tú francés, ¿qué fuiste? «Yo fui carpintero». «Pues, que se la serruchen». El francés, al igual que hizo el gallego, empieza a gritar. El cubano sigue temblando (Imitarlo temblando el que cuenta el cuento) y pensando: «¡Qué diablo más canalla. Si no legislo (pienso) me parte un rayo». El diablo le pregunta al alemán que había sido en su patria y este contesta que carnicero. «Pues que se la corten». El cubano siente aquellos gritos de todos los torturados y piensa

---

[3] Reclamación judicial en Estados Unidos.

rápidamente: «El diablo me va a joder. Tengo que avivarme». Por fin, el diablo riendo para hacer sufrir más al cubano y con la crueldad retratada en los ojos, pregunta: «¿Y tú cubanito, qué trabajo tenías?» El cubano le contesta como un rayo. «Mira diablo yo era pirulero[4] y a mí hay que chupármela hasta que se me gaste».

La misma agilidad mental se ve en el cuento del americano, el cubano y el francés que están hablando sobre cuál de ellos es más patriota:

Están en la azotea de un rascacielos. Deciden suicidarse para demostrar lo patriota que son. El francés se lanza por al vacío al grito de «Por la Francia». Acto seguido el americano se lanza y grita: «Por los Estados Unidos». El cubano mira hacia abajo y ve abajo y dice: «Se han hecho papilla». El cubano da media vuelta y grita: «Por la escalera». Muestra así su picardía y su agilidad mental al tomar resoluciones rápidas para sobrevivir o sacar alguna ventaja.

Por otra parte, tienden a no respetar la solemnidad ni en las personas ni en ninuna situación. Porque los cubanos son «parejeros» es decir, se sienten parejos o iguales a los demás. Una anécdota personal, que de tanto contarla se ha convertido en chiste, bien lo denota:

Yo tenía el bufete de abogado en la calle de la Amargura, en la Habana Vieja. En Cuba existía un personaje típico, que era «el parqueador», que se ganaba la vida parqueando[5] los carros de la gente en las zonas comerciales de las ciudades cubanas, principalmente en la Habana. Era gente muy modesta que hablaba en cubanismos mezclado con el más puro castellano

---

[4] El pirulero es el vendedor de pirulí que es un dulce que se chupa hasta que se gasta.

[5] Parqueo le dicen los cubanos al sitio para estacionar los autos o coches.

castizo. Resulta que mi parqueador, cada vez que yo llegaba al bufete, aunque fuera ya de noche avanzada, empezaba a dar gritos para que otro no le quitara el negocio, decía: «Docto,» «Docto...» «Docto.» Yo le dije un día: Mira Rainerio, no me digas más «docto,» no grites más docto; dime Pepito y bajito. «El hombre me miró, me puso la mano en el hombre y me dijo: «Mira Pepito, no te pongas bravo que aquí a cualquier comemierda le decimos docto». «Comemierda» es tonto de capirote.

Otra anécdota que habla de la búsqueda de esta igualdad es la de Antonio Prío quien era hermano del presidente de la República y que fue candidato a la alcaldía de La Habana. El Sr. Prío andaba por todas partes saludando a la gente para buscar el apoyo de los votantes, Entró en un «club» de la playa y estrechó la mano de todos, y así lo hizo cuando llegó ante la Marquesa de Aguas Claras, una dama aristocrática cubana. Ella le extendió la mano y le dijo: «Mucho gusto, Soy la Marquesa de Aguas Claras. Antonio Prío le contestó: «mucho gusto, un honor. Soy el Conde de Montecristo.» Así se identificó, con un personaje del novelista francés Alejandro Dumas y le quitó todo la pompa y solemnidad a la Marquesa.

Un chiste cubano que habla de esta igualdad que se basa en el desmérito que se hace de la propia persona es el del coleccionista. El chiste dice así:

Se reunieron un español, un francés, un norteamericano y un alemán. Empezaron a hablar de los «hobbies» que tenían. El francés dijo que él coleccionaba sellos y los demás le preguntaron, «¿Y cómo te dicen a ti?» «A mí me dicen el sellero». El alemán afirmó que coleccionaba boletos de tren. «¿Y cómo te dicen a ti?» preguntaron los demás. «A mí me dicen el boletero». El español contestó que el coleccionaba violines. «¿Y cómo te dicen a ti?» «A mí me dicen el violinero». Y cuando llegó el cubano este explicó: «Bueno yo tengo un «jobi»[6] que no sé si es hobby o no. Yo vivo en un octavo piso y cuando llego borracho a casa de madrugada, subo por la escalera y voy tocando el timbre de cada piso». «Ah, a ti te dicen «el timbrero». «No, a mi me dicen el hijo de puta del octavo piso».

Un personaje humorístico nacional es el del «comemierda». El siguiente chiste retrata a este personaje:

Había uno de esos tontos que quería casarse con la mujer más inocente del mundo. La quería sin ninguna experiencia sexual. Incluso que no le hubiera dado ni un besito a un hombre. Y cada vez que tenía una novia, como era también un descarado, le enseñaba el pene[7] y le preguntaba qué era lo que enseñaba. Le contestaban que un pene (con la palabra cubana que es muy grosera). Él rompía con esta mujer porque era una mal hablada, tenía experiencia y no era inocente. Por fin se lo enseñó a una muchacha que le dijo: «es un pipi» o sea le dijo que era la cosa de un niñito. El se relamió de gusto y le contestó: «Mami, que inocente eres. «Y todos los días cuando la visitaba le preguntaba lo mismo: «Mami. ¿qué es esto?». Y ella le contestaba: «Papi; eso es un pipí». Por fin se casaron y le preguntó: «¿Mami qué es esto? «Papi, ya te dije que un pipí». «Mira, mi amor, esto no es un pipí, sino una pinga». —¡Pinga eso, dijo la mujer, pinga es la de mi primo Primitivo!»

El soportar la crítica cuando es bien inspirada es una característica del cubano que se ríe de sus propios defectos. Véase, por ejemplo, este chiste en que el cubano crítica excesos y se burla de si mismo. Este chiste nació en el exilio cubano.

---

[6] Del inglés «hobby».

[7] El chiste se decía utilizando la palabra «pinga» que es muy chusma.

Un cubano de mediana edad le enseña a la mujer el pene y ésta, despreciativa hace burla del mismo diciéndole: «¡Oye ¡pero qué chiquitico es! El cubano exiliado no se inmuta y le contesta: «Es que tú no sabes lo grande que era cuando yo estaba en Cuba».

***

La PICARESCA

El mundo de la picaresca es el mundo de la desesperanza. En su estudio preliminar a *Vida del escudero Marcos de Obregón* de Vicente Espinel[8] los doctores Ángeles Carona de Gilbert y María Juan Rivas de Danés, hablan del mundo de la Guerra, del Rayo de la Guerra, el Emperador Carlos V. y una España burocrática, la de Felipe II, como origen de la novela picaresca.

Pero lo que determina tal origen es una actitud defensiva contra la realidad de aquellos días y un temperamento propio del español que engendra el pícaro. El pícaro es la reacción de la sociedad española ante el empobrecimiento de España que a una gran cantidad de la población, a casi toda ella, a niveles de pobreza que hacen brotar un humor que se inserta en la novela y la copla. Es la única forma de poder paliar la situación y de vivir en aquel ambiente de miseria sin esperanza.

Lingüísticamente existe la expresión española «eso es un chiste». Si le decimos a alguien que una pequeña nación puede destrozar a los tercios españoles, la formidable infantería española que había conquistado media Europa, nos contestaría «eso, hombre, es un mal chiste». Una imposibilidad. Y lo mismo sucede cuando decimos que un vago por naturaleza va a trabajar fuerte: «El 'fillo'[9] de la Juana va a trabajar» es un chiste malo y pesado. El chiste, por lo tanto, tiene dos

---

[8] Editorial Bruguera, Barcelona, 1968, pág. 11.
[9] Hijo en gallego.

vertientes —la palabra, lingüísticamente hablando—, una imposibilidad y un desahogo del alma a través de la risa. La mejor manera de vencer los males que nos aquejan es reírse de ellos. Es una actitud de la cultura española y cubana.

Y la nación que se había empobrecido hasta el hondón, hasta las cachas, que lo había dado todo luchando contra el protestantismo en Europa y descubriendo, conquistando y civilizando, llevando el Renacimiento a América o se tendía de bruces derrotada por la enormidad de la tarea o se llenaba de humor. Y se llenó de humor. El humor se hizo en ella segunda naturaleza y es el que trajo el andaluz a Cuba y el que trajeron los reclusos que saliendo de la Cárcel Real de Sevilla trasmitieron a aquella clase ociosa que en Sevilla quería pasar para América. (Ver Pedro Herrera Puga, *Sociedad y delincuencia en el Siglo de Oro*, Madrid, Biblioteca de autores cristianos, 1974).

Dice este autor algo de la Literatura, y que, según pienso, forma el carácter de los que vienen a América, quienes en muchos casos pasaban largos años en Sevilla esperando el permiso para pasar a las Indias. «Sin embargo, en la Cárcel Real todos esos aspectos brotan incesantes en oleadas crecientes de realismo y color. Por esto al considerar el ambiente de la cárcel en todas sus dimensiones picarescas, se llega al convencimiento de ser éste uno de los aspectos más importantes, y, al mismo tiempo, el foco principal de donde irradia gran parte de la fuerza secreta de nuestra literatura».

Y de la vida, añadiría yo. Y es tan grande este aspecto que añade: «No es fácil encontrar un rincón de la historia española de los siglos XVI y XVII donde lo picaresco se concentre en tanto carácter como en la cárcel real de Sevilla».

Vuelvo a recordar que en las gentes que venían en las carabelas de Colón y otras posteriores, abundaba toda esta picaresca que se cita, lo que demuestra su importancia. Vicente Espinel en su *Marcos de Obregón*, nos recuerda la importancia de esta cárcel. Dice Marcos: «Fuimos a mi posadilla, que aunque pequeña, me hallé con otra docena de amigos (...) con ellos me consolé de la prisión (pág. 111)». «Y por fin para abreviar el cuento, habiendo peregrinado por España y fuera della más de veinte años, redujese al estado que Dios le tenía señalado; fuese a su tierra, que es en Ronda, hizo de sacerdote sirviendo una capellanía de que le hizo merced Filipo segundo, sapientísimo rey de España. (pág. 157) Así que de pícaro y presidiario pasó a ser sacerdote. Había pues pícaros preñados de humor como este Escudero, entre los cientos de sacerdotes que llegaron a América. Este hombre interviene en un episodio de unos ladrones y reconoce a uno con el que había convivido y le salva la vida, pues el hombre había sido condenado a muerte. (Pág. 157). La sociedad española, era pues, sobre todo en Andalucía y Extremadura, un hervidero de pícaros.

Me he extendido en este análisis para que se vea como la picaresca cubana es la española y cómo influyó el contingente andaluz que por muchos años, desde el descubrimiento, llegaron a Cuba y a América. Y nos trajeron, en personajes como el que cito, el humor apicarado.

Por eso, el inglés Alexander Parker, uno de los grandes críticos literarios, pudo decir (en *Los pícaros en la Literatura*, Madrid, Biblioteca Gredos, 1975, página 105) que *El Buscón* es, por su propósito y realización, una obra esencialmente humorística. Con él culmina en la novela picaresca el «estilo «bajo» o cómico y llega a su perfección. Pero, contra lo que sucede en *La pícara Justina,* el humor de Quevedo no está reñido ni es incompatible con un serio interés por el problema de la delincuencia, ya que no se expresa en un sentido festivo o jovial, sino mordaz y sarcástico.

La picaresca estaba llena de desenfado; de humor; de broma; de risa, porque en la lucha de la vida, en el batallar en contra de la adversidad, apelaban al chiste, como apelaban al ingenio.   El pícaro vino también con Cristóbal Colón. Cuando se anuncia, en Palos de Moguer, la partida de la flota, no hay suficientes hombres para hacer el viaje. Deciden pues, ir a buscar presidiarios, los sacan de la cárcel y los traen a América como tripulantes. La picardía de la picaresca, del presidiario, de la Cárcel Real de Sevilla viene con ellos. El chiste, también viaja con Colón.

Hay que traer población, hombres y mujeres, que sufren indecible en España, a los nuevos territorios. Hay que traer animales y comida.

El oro que viene de las Américas crea una inflación en España y se usa en grandes cantidades para pagar la elección de Carlos V como Emperador. A pesar de sus victorias militares y políticas, España atraviesa una aguda crisis económica. Y el hombre tiene que apelar al chiste y a la risa para poder sobrevivir en el ambiente que lo rodea.

El ensayista jesuita L.A. Schokel, S.J., quien escribió un ensayo titulado «El humor y lo cómico», Este ensayista nos advierte sobre las diferencias entre el humor, chiste y sátira y señala: «Cuidado con la palabra humorismo, no chiste ni sátira: Que son cosas enormemente distintas». (pág. 97) Este crítico habla «del alto valor formativo del humorismo» (pág. 107). Es útil citar que el humorismo es profundísimo y cuando se vuelve chiste, puede reflejar, como yo señalo, el carácter de un pueblo o de un individuo.

Entre las innumerables citas que el sacerdote hace nos cita a José María Pemán, el escritor español sumamente conocido por aquella obra, *El Divino Impaciente*, que define la profundidad del humorismo.

***

VEHÍCULOS DEL CHISTE

>caguen alegres,
>caguen contentos
>pero cabrones,
>caguen adentro.
>   (En un baño público)

El chiste puede estar en anuncios, en simples frases, es decir que su vehículo es multifacético. En tiempos de Domingo Méndez Capote, alcalde de la Habana, la gente acostumbraba a orinar en los solares yermos. Él alcalde de la Habana, general de la Guerra de Independencia y jurista de fuste, determinó que había que acabar con aquella costumbre abominable. Y dictó un bando que así decía: «Se prohíbe orinar en los placeres bajo pena de cinco pesos de multa». La reacción del cubano no se hizo esperar y un guasón escribió debajo de uno de los bandos: «Piña, mamey y zapote. ¿Cuánto cobra por cagar el Dr. Méndez Capote?»

A veces esta poesía se hace en Programas radiales y pasa al pueblo en general, como la del Programa «Chicharito y Sopeira», que era muy popular en Cuba. Todos los días felicitaban a alguien de acuerdo con el onomástico de la fecha. Los actores Alberto Garrido y Federico Piñeiro representaban respectivamente a los dos personajes folclóricos del negrito (Chicharito) y del gallego (Sopeira).

Si era el santo de una persona llamada Caridad, uno de los dos recitaba esto:

> Caridad, por tu beldad
> que nos ensalza y admira
> tañe el poeta su lira,
> por tu beldad, Caridad.

O esto:

> Pío, mi verso es rocío
> que cae siempre en la mañana,
> y en esa hora temprana,
> mi verso es rocío, Pío.

El santo podía ser el de Alberto. Se oía entonces, en Chicharito y Sopeira, la siguiente cuarteta:

> Alberto, la dicha es puerto
> al que todos no llegamos,
> pero todos afirmamos,
> que la dicha es puerto, Alberto.

Todas estas cuartetas llevan a la risa o a una sensación inefable, dos de las consecuencias que produce en el ser humano el chiste. Por lo tanto, el chiste no es solo risa, es también «la sensación de lo inefable».

Este chiste está escrito en un inodoro público cubano. Como se sabe, es costumbre de muchos pueblos escribir versos en los baños. El poema es el siguiente:

> En este lugar de moda
> mi americana colgué,
> se cayó, se ensució toda,
> ponga un perchero y no joda,
> señor dueño del café.

Abajo de este verso había otro que decía:

> Aunque yo no soy poeta,
> yo te quiero contestar
> que aquí se viene a cagar
> y no a colgar la chaqueta.

Otros versos de este tipo chistoso son los que siguen:

> Cagador que cagando estás
> lo que con gusto comiste,
> caga y no te pongas triste
> que en cagando, cagarás.

Muchos de los chistes no se escriben, se diseminan oralmente y sufren cambios debido a las incontables repeticiones. El teatro fue un vehículo importante para el desarrollo del humor y de los chistes. Las comedias, que eran consideradas menos importantes que los dramas o las tragedias, expresaban en forma humorísticas contradicciones sociales, filosóficas o teológicas.

El Teatro Bufo cubano tiene su origen en las piezas teatrales satíricas o burlescas francesas e italiana que fueron muy populares a finales del siglo XVIII. En el siglo XIX, proliferaron en Cuba las obras del teatro bufo. Se destacan en la isla como iniciadores de este teatro los autores Francisco Covarrubias, José Agustín Millán y Bartolomé Crespo Borbón, entre muchos otros. En el siglo XX, el Teatro Bufo establece los personajes del negrito, el gallego, la mulata y el chino, cada uno con sus características específicas. A veces este teatro es satírico y en muchas otras ocasiones solamente trata de divertir, muchas veces con chistes de tono sexual.

Como una anécdota interesante, cabe mencionar que uno de los sucesos de más trascendencia en la historia cubana ocurrió durante la representación de una obra bufa. Era el 22 de enero de 1869 y en el teatro Villanueva de La Habana se representaba la comedia *Perro huevero aunque le quemen el hocico* del autor Juan francisco Valerio. En la función del día anterior, el actor Jacinto Valdés había dado vivas a Carlos Manuel de Céspedes, quien tres meses antes había comenzado la guerra contra España. Los Voluntarios españoles entraron en el treatro y hubo disparos, golpes y agresiones de todo tipo. Murieron algunos cubanos y hubo numerosos heridos. Un José Martí muy joven presenció estos hechos y marcaron su conciencia para siempre. . .

Casi toda la poesía negra de Cuba, principalmente la de la Primera Escuela, es de este tenor: busca hacer reír. De esta clase era, por lo tanto, la poesía negra que se recitaba en teatros y otros. La poesía negra es la que «usa al hombre de color como tema de la misma.» Hortensia Ruiz del Vizo en sus dos libros: *Poesía negra del Caribe y otras áreas* y *The Black Poetry of America*, divide la poesía negra en dos escuelas. A la poesía negra que floreció en Cuba y que comenzó con Alfonso Camín en los veinte del siglo pasado le llama Primera Escuela de Poesía Negra y la Segunda Escuela de Poesía negra es la que fue creada por los exiliados cubanos a partir de 1959. La de Cuba siguió abiertamente la tradición de los Cabildos, la sociedades religiosas —tribales-mutualistas de negros libres— en la que nació, donde se representaban dramas chistosos, hoy perdidos y en los cuales el humor era un gran componente de su contenido. El que representaba el «negrito» siempre hacía reír. Este personaje se continuó en la República, principalmente en el Teatro Alhambra, que floreció en las primeras décadas de la República.

El humor en la prensa escrita tiene una larga y rica tradición en Cuba. Hubo dos semanarios humorísticos: La Semana Cómica en los años de 1930 y Zig-Zag en los años de 1950. Este último fue clausurado por el régimen comunista cubano y continuó varios años en el exilio. Existió toda una escuela de magníficos caricaturistas cubanos que, al ser perseguidos por los totalitaristas cubanos que no podían aceptar ninguna crítica, tuvieron que huir al exilio. Algunos de estos caricaturistas cubanos importantes fueron José Manuel Roseñada, Silvio Fontanillas, Ramón Arroyo Cisneros (Arroyito), Antonio Prohías, José Varela, Fresquito Fresquet, Menéndez y otros. Prohías también tuvo éxito en publicaciones nacionales en inglés, especialmente en la revista *Mad*. Sus personajes «Spy versus Spy» fueron la continuación del «Hombre Siniestro» que ya había desarrollado en Cuba. Con el advenimiento del radio, el cine y la televisión, el humor toma un lugar importante, a veces predominante, en la programación y en las ofertas de programas. Es de destacar, por su larga duración, a *La Tremenda Corte*, escrita por Cástor Vispo e interpretada por Aníbal de Mar (el tremendo juez), Leopoldo Fernández (José Candelario Trespatines), Mimi Cal (Nananina), Florencio Castelló (Rudesindo Caldeiro y Escobiña), Julito Díaz o Miguel Ángel Herrera (Secretario), Erdwin Fernández (Simplisio Bobadilla y Comejaibas) y otros. Las viejas grabaciones de este programa todavía se oyen en Miami y muchos países de América Latina.

***

INFLUENCIA ANDALUZA

En Cuba se cuentan infinidad de cuentos andaluces, como si le hubieran acaecido a la persona que hace el cuento, lo que indica la influencia de Andalucía en la cultura cubana. Me decía un amigo que estaba en Andalucía con la señora y que ella necesitó ir «al cuarto de señoras» y que se dirigió a un andaluz al que pregunto «señor, ¿dónde está el tocador?», a lo que éste le respondió: «está usted hablando con uno».

Otros me contaban que estando en Sevilla decidieron ir a Barcelona. La carretera era estrecha, llena de curvas y va sobre los acantilados de la costa. Como se sabe hay muchos andaluces que van a laborar, para buscarse la vida, en Barcelona. Uno de ellos que oyó hablar a mis amigos que se dirigían a Barcelona, se les acercó y les afirmó que él les manejaba si lo llevaban. Aceptaron y empezó la travesía. De cuando en cuando gritaban, porque se topaban con un camión de carga que casi los echaba al mar. De pronto, en un pequeño descanso de la carretera, lleno de rocas, parqueó el andaluz y dijo que no seguía más que aquello era muy bravo; muy peligroso.

Entonces le espetó mi amigo: —«¿Pero, no dice usted que es el mejor chofer del mundo?» El andaluz replicó sin inmutarse y en su tonillo, en su acento, tradicional: —«Si señó, pero en línea recta. Esto, aparte de andalucismos, coplas y adivinanzas es uno de los tantos casos de influencia del chiste andaluz en el cubano.

***

DE LA MALA PALABRA

Se usa en sentido chistoso por muchos. Aunque es conveniente decir que mientras en España se ha generalizado el uso de la mala palabra en el lenguaje común y mucha gente se queja de lo cochino que habla la juventud, el cubano no es dado a usar malas palabras. Simplemente no las usa en el diario quehacer.

El magnífico humorista cubano Guillermo Álvarez Guedes usa algunas malas palabras para darles énfasis a sus chistes. Existe un contraste entre la figura casi solemne de Álvarez Guedes y sus malas palabras, casi siempre muy inocentes, nunca vulgares.

He dicho al comenzar este estudio que el chiste cubano, en su humor, nace de la influencia del andaluz que fue el hombre que hasta el bojeo de Ovando es mayoritario en la llegada a América, como arrojan las estadísticas. Y he hablado de la influencia de la Cárcel de Sevilla y de su lenguaje, así como el de la flota que recalaba en La Habana por largos meses procedentes de todos los puntos de América, cargada de oro, plata, maderas preciosas etc...

Es importante recalcar la importancia del puerto de La Habana para la cultura cubana. Ese puerto fue el más activo del Nuevo Mundo por más de dos siglos, La presencia constante en la ciudad capital de un grupo numeroso de hombres de mar dejó su impronta en el carácter de los cubanos.

Esta marinería, como he mencionado antes, tenía un lenguaje popular y estaba formada por hombres de las más bajas esferas de la sociedad española y, entre ellos, un número enorme de ex presidiarios como tripulación. Estos hombres usaban continuamente el chiste como forma de soportar su existencia y los terribles sufrimientos de la navegación en aquellos días. El chiste nacía de la propia vida, como señalé, e iba matizado por la mala palabra que, como es natural, cala el lenguaje de toda esa ralea, de toda esa marinería, y hasta de los conquistadores y colonizadores que vinieron a América. Si se compara el chiste cubano con los llamados chistes alemanes, chistes pesados, que son calcos de otras lenguas y no originales de Cuba, se ve que éstos, por su seriedad, de la que brota casualmente lo cómico, no tienen malas palabras. La mala palabra brota pues de los elementos citados y del ambiente picaresco que poblaba Sevilla, sin olvidar a la enorme cantidad de soldadesca que vivía del cuento o andaban de vagos todo el día cuando ya no estaban en el ejército. Estos hombres pasaban el tiempo entre juegos, parrandas y haciendo de tahúres en las tabernas, casas de prostitución y sitios de mal vivir y hasta en cofradías criminales, donde no se podía esperar un lenguaje pulido propio de la Corte o de los estamentos altos de la sociedad. La enorme cantidad de ex convictos a galeras de los años del descubrimiento, colonización y conquista, con sus chistes y lenguaje, están latentes en el humor cubano.

***

Y LLEGAN LOS ESCLAVOS

El negro esclavo tiene que reaccionar con el chiste y con la risa contra su entorno horrible. De lo contrario muere de dolor porque su vida es un martirio. En Cuba surge el choteo, el relajo, el vacilar y el vacilón, que no son más que actitudes chistosas frente a la vida. El no tomar nada en serio sino en broma. Es sacar el chiste y la risa de la mala situación. Pero hay otro aspecto del humor cubano que viene de los africanos traídos a Cuba. El crítico Alberto Hernández Chiroldes ha estudiado a fondo esta característica del humor afrocubano. En un estudio sobre *Cuentos negros de Cuba* de Lydia Cabrera, Hernández Chiroldes analiza el cuento «La prodigiosa gallina de Guinea». Esta gallina, que al cantar hace a todo el mundo bailar con su ritmo, representa, según Hernández Chiroldes, dos cosas: por una parte la astucia que la salva de ser castigada por sus transgresiones y, por otra, simboliza el poder de la música como arma de persuasión y encantamiento. La gallina se hace tan famosa que llegan desde España altos dignatarios para verla y oírla. Así lo describe Lydia Cabrera: «Y vino el Rey de España en una fragata con toda la corte; con Cristóbal Colón, de mármol blanco, un verdugo y un padre cura… Y la Reina con corona de diamantes y manto de armiño, moviendo el culo». Hernández Chiroldes analiza esta descripción de la siguiente manera: El primer grupo –el Rey, Cristóbal Colón de mármol, el verdugo y el padre cura— representa el poder pero, a la misma vez, la infertilidad y la muerte (el mármol y el verdugo). Luego la descripción de la reina va desde arriba (la corona de diamantes) y desciende al manto de armiño, para terminar en el «culo». La corona significa el poder y la riqueza, el armiño ha sido siempre un símbolo de pureza, pero toda esta solemnidad se descompone con la mención del culo de la reina. Ésta es, según Hernández Chiroldes, una característica del humor afrocubano.

El movimiento no es sólo el rebajar lo encumbrado y solemne, sino que hay un movimiento hacia atrás, hacia la zona anal con todos sus matices, verbi gracia: la mierda, los pedos, el movimiento del trasero, la homosexualidad masculina. Al hacer hincapié en lo anal, se está tácitamente negando lo genital y, por ende, hay una castración que destruye todo el aparato del poder masculino. La potencia fálica y el poder político van unidos. Al castrar simbólicamente a la familia real, los esclavos y todos los marginados obtienen una victoria simbólica. Según Hernández Chiroldes, éste es un humor de los débiles, es el «relajo», que criticaba Jorge Mañach[10]. Nótese lo inmóvil que parecen el Colón de Mármol, el Rey, el verdugo y el cura. Lo único que ser mueve, que se relaja en la descripción, es el culo de la reina. El humor cubano, dice Hernández Chiroldes, es un arma de los oprimidos en contra de los opresores, pero es un arma sutil porque, de lo contrario, el «verdugo» podría tomar cartas en el asunto,

***

RESUMEN:

El humor de los cubanos en su origen tiene la influencia de los conquistadores españoles y de los esclavos traídos al Nuevo Mundo. Es influido por el humor de los hombres que tripulaban los barcos españoles, y que pasaban, a veces, varias semanas en el puerto de La Habana a la espera del resto de los buques que componían las flotas para hacer juntos la travesía a España. El lenguaje picaresco, la jerga de germanía, el humor de la soldadesca y la astucia de los esclavos conforman el humor y toda su retórica. En este caso, la risa muchas veces es un arma, como decía Platón, para rebajar al que tiene el poder y hacer sentir, de alguna forma, superior al que está en los márgenes sociales. El lenguaje soez en muchos de los chistes corresponde a la jerga usada por los hombres (casi nunca mujeres) de los estamentos

---

[10] Ver *La crisis de la Alta Cultura* e *Indagación del choteo* de Jorge Mañach (Ediciones Universal), libro importante para conocer el carácter cubano.

más bajos de la sociedad. La abundancia de chistes de corte escatológico es un arma de compensación de los oprimidos en contra de sus opresores. Existe, por supuesto, otro humor en Cuba que es más internacional, menos insolente, más sutil. Es el llamado chiste de salón que se puede hacer en cualquier ambiente. Los amables lectores podrán ver las diferencias.

Es triste pensar que mucho de esta tradición humorística cubana se ha perdido en la Isla, azotada por un régimen que no da espacios de libertad. Debe por ello mostrarse la labor del exilio cubano que ha rescatado tanto las tradiciones como la historia, el humor y el chiste, para algún día llevarlos todos a Cuba. Esa es la labor del Exilio Histórico, salvar la Cuba Eterna.[11]

---

[11] Nota del Editor: El autor de esta antología, José Sánchez-Boudy, ha sido importante luchador de ese Exilio Histórico y Cuba Eterna, palabras que él acuñara y defendiera en innumerables artículos y publicaciones. Nadie como él ha recogido el lenguaje cubano, las costumbres y tradiciones, el alma cubana, en más de cien libros publicados. Merece Pepito nuestro mayor y mejor reconocimiento.

Caricatura de Silvio Fontanillas

SOBRE LOS CUBANOS

CON HUMOR...

¿ERES CUBANO?
PUEDES CONSIDERARTE CUBANO SI:

1. Si te han pegado con chancleta
2. Si te han metido miedo con «El Coco» (Pórtate bien que si no viene el coco)
3. Si alguien te ha pedido que dejes de gritar aunque en realidad sólo estabas conversando.
   If others tell you to stop screaming when you are really just... talking.
4. Si le enciendes una velita a la Virgen antes del sorteo de la lotería.
   If you light a candle to virgin Mary before the Lotto drawing.
5. Si usas los labios para señalar algo,
   If you use your lips to point something out.
6. Si a todos los cereales le llamas «conn fleys».
   If you constantly refer to cereal as «conn fleys".
7. Si tu mamá grita, con toda la fuerza de sus pulmones para llamarte a comer, aún cuando viven en un apartamento de un cuarto.
   If your mother yells at the top of her lungs to call you for dinner, even... if it's a one bed room apartment.
8. Si puedes bailar merengue o salsa sin música.
   If you can dance merengue, cumbia or salsa without music.
9. Si usas «manteca» en lugar de aceite y no te has dado cuenta por qué tu barriga sigue creciendo.
   If you use «manteca» instead of olive oil and can't figure out why your butt is getting bigger.
10. Si le llamas «tenis» a los «snikers».
    If you call your sneakers «tenis»
11. Si tienes, por lo menos, treinta primos.
    If you have at least, thirty cousins.
12. Si puedes pensar en alguien a quien no le guste la comida condimentada o con mucho mojo.

If you can't imagine anyone not liking Spicy food.
13. Si van siete en un automóvil y todavía gritan a otros: «súbanse que todavía caben».
If you are in a passenger car with 7 people in it and a person shouting «subanse, todavía caben".
14. Si cuando te resfrías tu compulsivo papá te embarra todo el pecho, la cara y la nariz con «Vick VapoRub»
If whenever you feel under the weather, you compulsively dab on some «Vick VapoRub» all over your chest and inside your nostrils.
15. Si tienes 22 años, sigues viviendo en tu casa y tu mamá te prepara el almuerzo para el trabajo.
Your mom packs your «lonchera» everyday. You've just turned thirty-two.
16. Si a todos los asiáticos le llamas «chinos» y a los españoles «gallegos»
If you call all Asian people (Korean, Chinese, Japanese, Thai's, etc.) «chinos".
17. Si nunca te cansas de las «sopitas» que te hace tu mami.
If you just don't get tired of the so called «sopitas"(soup)
18. Si no piensas que Jennifer López es exitosa, sino que es otra tipa con suerte.
If you don't think Jennifer Lopez is hot, 'she is just another bitch with luck».

El cubano no corre: echa un patín.
El cubano no es infiel: pega los tarros.
Al cubano no le dan un aventón: le dan una botella.
El cubano no se trepa: se encarama.
El cubano no habla mucho: mete tremenda muela.
El cubano no se enamora: coge tremendo metío.
El cubano no se emborracha: coge nota, tremenda juma, se pone curda, empina el codo, le chupa el rabo a la jutía.

El cubano no anda en ómnibus: monta guaguas.
El cubano no consigue: resuelve, inventa, mete mano, engancha.
El cubano no es experto: es un bárbaro, un salvaje, una fiera.
El cubano no es mentiroso: es guayabero, es globero.
El cubano no se baña: se tira un beneficio, juega a los bomberos, le cambia el agua a los pececitos.
El cubano no llena mucho su estómago: se jarta, se empacha.
El cubano no se baja: se apea.
El cubano no molesta: jode.
El cubano no fracasa: se destimbala.
El cubano no te golpea: te rompe la siquitrilla.
El cubano no baila: echa un pie.
El cubano no es haragán: tira majá.
El cubano no insiste: da línea, da linga.
El cubano no embruja: echa bilongo.
El cubano no piensa: el cubano legisla.
El cubano no conquista una mujer: liga una jeva.
El cubano no tiene mellizos, ni gemelos: tiene jimaguas.
El cubano no se vuelve loco: se desconchufla, o se le cruzan los cables.
El cubano no usa bolsas para sus compras: usa jabas o cartuchos.
El cubano no se equivoca: se trafuca.
El cubano no se muere: canta el manisero, guarda el carro, se pone el chaquetón de pinotea.
El cubano no tiene obsesiones: tiene matraquillas o es quisquilloso.
El cubano no se encapricha: se ofusca.
El cubano no se enferma: se pone matungo.
El cubano no se retira: cuelga los guantes como el boxeador.
El cubano no es ostentoso o jactancioso: se da lija.
El cubano no usa saco: usa leva.
El cubano no se cansa: se desguabina, se descuajeringa, se desmondinga, se despetronca o se destimbala.
El cubano no pasa hambre: se come un cable, o come tierra.
El cubano no es pobre: está en la fuácata.

El cubano no es culto y educado: es una polilla.
El cubano no es indiferente: tira a mondongo.
El cubano no te pide explicaciones: te llama a contar.
El cubano no es tacaño: camina con los codos, tiene el calcañal de indígena.
El cubano no vive lejos: sino en casa de las Quimbambas, en casa de la malanga, en casa 'e yuca, o en casa del carajo.
El cubano no pasea en automóvil: pasea en máquina.
El cubano no es listo: es la cátedra.
El cubano no es bruto: es cayuco, un tronco de yuca, un seboruco, un ñame con corbata.
El cubano no se engríe: coge ala, se le suben los humos.
El cubano no se preocupa: coge lucha.
El cubano no recibe clases: siempre da clases (aunque las reciba).
El cubano no es despreciable: es un sabandija.
El cubano no tiene mucha calma: es cachazudo, o es pariente de Calmita Calmona.
El cubano no conduce mal: es un paragüero.
El cubano no adula: guataquea o da jabón.
El cubano no manda a callar: dice ¡Sió! o a «callar a sus gallinas».
El cubano no fuma puros ni habanos: fuma tabacos.
El cubano no compra pieles en la peletería: compra zapatos.
Al cubano no le gusta el relajo: le gusta el bochinche
Al cubano no se le hace tarde: lo coge la confronta.
El cubano no forma confusiones: arma un aguaje.
El cubano no se mantiene flotando sin nadar en el agua: se aboya.
El cubano no cuenta los centavos, sino los kilos.
El cubano no tiene engrapadora: tiene presilladora.
El cubano no salpica: chapotea.
El cubano no ofende: sólo mienta la madre.
El cubano no habla tonterías: habla cascarita 'e caña o habla porquerías.
El cubano no tiene los genitales grandes: está bien despachao.
El cubano no te manda a paseo: te manda pa'l carajo.

El cubano no molesta: joroba.
El cubano no fracasa: se destimbala.
El cubano no te golpea: te parte la ventrecha, o te rompe la siquitrilla.
El cubano no baila: echa un pie.
El cubano no es haragán: tira majá.
El cubano no insiste: da línea, da linga.
El cubano no es brujero: echa bilongo.
El cubano no piensa: el cubano legisla.
El cubano no conquista una mujer: liga una jeba.
El cubano no tiene mellizos, ni gemelos: tiene jimaguas.
El cubano no se vuelve loco: se desconchufla, o se le cruzan los cables.
El cubano no usa bolsas para sus compras: usa jabas o cartuchos.
El cubano no se equivoca: se trafuca.
El cubano no se muere: canta el manisero, guarda el carro, se pone el chaquetón de pinotea, se va para Honduras.
El cubano no tiene obsesiones: tiene matraquillas o es quizquilloso.
El cubano no se encapricha: se ofuzca.
El cubano no tiene simplemente amigos: por cada amigo que tiene el cubano tiene tambien un central.
El cubano no se enferma: se pone matungo.
El cubano no se retira: cuelga los guantes como el boxeador.
El cubano no es ostentoso o jactancioso: se da lija.
El cubano no usa saco: usa leva.
El cubano no se cansa: se desguabina, se descuarejeringa, se desmondinga, se despetronca o se destimbala.
El cubano no pasa hambre: se come un cable, o come tierra.
El cubano no es pobre: está en la fuácata.
El cubano no es culto y educado: es una polilla.
El cubano no da indiferencia: tira a mondongo.
El cubano no te pide explicaciones: te llama a contar.
El cubano no es tacaño: camina con los codos, tiene el carcañal de indígena.

El cubano no vive lejos: sino en casa de las Quimbambas, en casa de la manlanga o en casa de yuca.

El cubano no pasea en automvil: pasea en máquina.

El cubano no es listo: es la cátedra, es la mata.

El cubano no es bruto: es cayuco, un tronco de yuca, un seboruco, un ñame con corbata.

El cubano no se engríe: coge ala, se le suben los humos.

El cubano no se preocupa: coge lucha.

El cubano no recibe clases: siempre da clases aunque las reciba.

El cubano no es despreciable: es un sabandija.

El cubano no tiene mucha calma: es cachazudo, o es pariente de Calmita Calmona.

El cubano no tiene dos caras: es como la hoja del Caimito.

El cubano no conduce mal: es un paragüero.

El cubano no adula: guataquea.

El cubano no es impertinente: cae como una patada en el hígado.

El cubano no manda a callar: dice «sió» o calla a sus gallinas.

El cubano no fuma puros ni habanos: fuma tabacos.

El cubano no compra pieles en la peletería: compra zapatos.

El cubano no tiñe la ropa en la tintorería: la manda a lavar y planchar.

El cubano no le gusta el relajo: le gusta el bochinche.

Al cubano no le agarra tarde: lo coge la confronta.

El cubano no tiene mujer fea: su mujer es un cocorícamo o un sijú platanero.

El cubano no forma confusiones: arma un aguaje.

El cubano no se mantiene flotando sin nadar en el agua: sin nadar en el agua se aboya.

El cubano no cuenta los centavos: sino los kilos.

El cubano no tiene engrapadora: tiene precilladora.

El cubano no salpica: chapotea.

El cubano no ofende: solo mienta la madre.

El cubano no habla tonterías: habla cascarita de piña o habla porquerías.

El cubano no tiene los genitales bien grandes: está bien despachado.

El cubano no te manda a paseo: te manda al c...jo.

Para terminar: el cubano no tiene diarreas, pero siempre se está cagando en San Martín el Torero, en Sebastopol o en Prim, en diez, en la madre de los tomates, o en la de Fidel.

☺ ☺ ☺

EL zoológico cubano

Los cubanos nos identificamos constantemente con las criaturas irracionales. Veamos:

El hombre bruto es UN BURRO, el fuerte un TORO.

Los saludos suelen ser: ¿Qué pasa, CABALLO?, ¿y qué, TIGRE?, qué bolá, GALLO?"...

El que nos trae mala suerte es una LECHUZA, un SAPO que siempre «nos sapea».

El cobarde es un RATÓN, una CUCARACHA, una JUTÍA, una GALLINA.

Si hay mucho frío «está chiflando el MONO».

El que imita es un MONO

Del niñito dicen que «está de lo más MONO».

El valiente es un LEÓN.

Un tipo busca pleitos es un GALLITO DE PELEA.

La que está muy flaca es un GRILLO MALOJERO.

El que está muy gordo es un ELEFANTE, una BALLENA, un HIPOPÓTAMO, un RINOCERONTE.

Desde niño aprendimos que los símbolos de nuestros equipos de béisbol eran el ALACRÁN, el ELEFANTE, el TIGRE y el LEÓN.

El emblema de Batista era la GRULLA con una pata de palo.

El ejército privado de uno de uno de nuestros senadores le llamaban «los TIGRES de Masferrer».

A un ex presidente le decían TIBURÓN —se baña pero salpica—.

A otro ASNO con garras.

Castro es un PENCO, un DINOSAURIO.

Quienes nos opusimos a su régimen somos GUSANOS, mientras sus seguidores se convirtieron en CHIVAS.

Cuando éramos pequeños jugábamos a «la GALLINITA ciega».

Para los cubanos las personas que se rebajan y se arrastran son SERPIENTES, los dañinos son VÍBORAS.

El que corre muy rápido es una ARDILLA, un VENADO; el escurridizo una ANGUILA.

El picador o pedigüeño es una SANGUIJUELA.

El que fuma mucho un MURCIÉLAGO.

Un negro gordo y grande es un ORANGUTÁN.

Al que le echamos la culpa de todo «es como el TOTÍ»

Del pretencioso decimos «se cree un PAVO REAL».

El que nos molesta constantemente es una LADILLA».

La joven bonita es un POLLO.

El que nada bien «es un PESCADO en el agua».

El laborioso «trabaja como un MULO»

El que habla mucho es una COTORRA, un PERICO.

El mal agradecido «es como el GATO».

Si nos desprecian «nos trataron como a un PERRO».

La forma más aceptable de decir h.p. es «hijo de YEGUA».

El que lo recuerda todo «tiene memoria de ELEFANTE».

El que trabaja lentamente «está tirando un MAJÁ»

El feo «parece un SIJÚ PLATANERO».

El que se nos encarna «es como el PITIRRE»

El fatalista «es una AURA TIÑOSA».

En boca cerrada no entran MOSCAS

Los niños hablan cuando las GALLINAS orinan.

Se cuida más que un GALLO FINO.

Del que se hace el bobo dicen: «ése se hace el CHIVO LOCO.
Del triunfador que «es una PANTERA» para los nagocios
Del fracasado que es «orine de CAMELLO», «pipí de CANGURO».
El que se hace pasar por bueno sin serlo es un ZORRO.
Una persona muy alta «parece una JIRAFA».
Una mujer bella «hala más que una yunta de BUEYES».
El tipo sin convicciones firmes «es como el CAMALEÓN».
El que no prospera « va pa'atrás como el CANGREJO»
El que se pone un tuxedo «parece un PINGÜINO»
Del guapetón decimos «se cree OSO»
Del pícaro comentamos «ese sabe más que las BIBIJAGUAS».
Mujer con los senos grandes «parece una VACA LECHERA».
Del desprevenido decimos «CAMARÓN que se duerme se lo lleva la corriente.

El tonto «es un GUANAJO»

Personajes famosos de nuestro folklore criollo siempre han sido «la MULA que tumbó a Genaro», y el GALLO de Morón».

Vaya, que solamente un cubano puede decir:

«CABALLO, ayer fuí a la VIBORA, la guagua estaba más lenta que una TORTUGA, el chofer hablaba más que un LORO, pasé por el COTORRO, comí PUERCO en el TOCORORO, y tomé agua de «La COTORRA».

  ☺

Caracterización del cubano escrita por Luis Aguilar León.[12]

No intentes conocer a los cubanos. Los cubanos beben de una misma copa la alegría y la amargura. Hacen música de su llanto y se ríen de su música.

Los Cubanos toman en serio los chistes y hacen de todo lo serio un chiste. Ellos mismos no se conocen.

Nunca subestimes a los cubanos. El brazo derecho de San Pedro es un cubano y el mejor consejero del Diablo es un cubano. Su espíritu es universal e irreverente.

Los cubanos creen simultáneamente en el Dios de los católicos y en shangó, en la charada y en los horóscopos.

Tratan a los dioses de tú y se ríen de los ritos religiosos. Dicen que no creen en nada y creen en todo. Y no renuncian a sus ilusiones ni aprenden de las desilusiones.

No discutáis con ellos jamás. Los cubanos nacen con sabiduría inmanente. No necesitan leer, todo lo saben. No necesitan viajar, todo lo han visto. Los cubanos son el pueblo elegido ... por ellos mismos.

Los cubanos se caracterizan individualmente por su simpatía e inteligencia, y en grupo por su gritería y apasionamiento. Cada uno de ellos lleva la chispa del genio, y los genios no se llevan bien entre si. De ahí que reunir a los cubanos es fácil, unirlos imposible. Un cubano es capaz de lograr de todo en este mundo menos el aplauso de otros cubanos.

No les hables de lógica. La lógica implica razonamiento y mesura, los cubanos son hiperbólicos y desmesurados. Si te invitan a un restaurante, no te invitan a comer en un restaurante del pueblo, sino al mejor del mundo.

---

[12] Este escrito es parte de el artículo «El profeta» de Luis Aguilar León, que es una de las páginas más reflexivas y simpáticas escritas sobre los cubanos. Ese escrito de Aguilar León ha sido reproducido en muchas ocasiones usando otros nombres y no dando crédito al Profesor Emeritus de Georgetown University. Los artículos de «El profeta» están en los libros de ese autor: *Reflexiones sobre Cuba y sus futuro* y *Todo tiene su tiempo*. Ambos publicados por Ediciones Universal.

Cuando discuten, no dicen: «no estoy de acuerdo», dicen: «Ud. está completamente equivocado». Tienen una tendencia antropofágica, «Se la comió» es una expresión de admiración, «comerse un cable», señal de situación crítica, y llamarle a alguien «comemierda» es su más usual y lacerarte insulto.

Tienen voluntad piromaníaca, «ser la candela» es ser cumbre, y aman tanto las contradicciones que llaman a las mujeres hermosas «monstruos» y a los eruditos «bárbaros», y cuando se les pide un favor no dicen «si» o «no», dicen «si, como no».

Una de las mayores frustraciones del cubano consiste en visitar una tienda «dolarizada» y no poder comprar lo que desea. Es común ver en las vidrieras, sobre todo en la de los efectos electrodomésticos, el cartel que anuncia: «SÓLO VENTA A EMPRESAS». Así que lo primero que el cubano pregunta es «si le toca», y luego pide lo que pueda.

Los cubanos intuyen las soluciones aún antes de conocer los problemas. De ahí que para ellos, «nunca hay problemas». Y se sienten tan grandes que a todo el mundo le dicen «chico». Pero ellos no se achican ante nadie y cuando van al medico, no es a preguntarles sino a decirles que es lo que tienen.

Usan los diminutivos con ternura pero tambien con voluntad de reducir al prójimo. Piden «un favorcito», ofrecen «una tacita de café», visitan por «un ratico», y de los postres solo aceptan «un pedacito». Pero también a quien se compra una mansión le celebran «la casita» que adquirió o «el carrito» que tiene quien se compró un coche de lujo.

Son admirables por su sabiduría instantánea y colectiva. Cualquier cubano se considera capaz de liquidar el comunismo o al capitalismo, enderezar a la América Latina o erradicar el hambre en África, y enseñar a cualquier país a ser potencia mundial. Se asombran de que los demás no comprendan cuan sencillas y evidentes son sus fórmulas. Ah! Los Cubanos...No puedes vivir mucho tiempo con ellos, pero es imposible... vivir sin ellos.

☺ ☺ ☺

La envidia y los cangrejos cubanos

En la plaza del mercado un pescador vendía los cangrejos que cazaba. Tenía dos latones llenos de cangrejos. Uno de ellos lo tenía tapado y el otro destapado.

Pasó un profesor de filosofía que siempre estaba observando la realidad y buscando explicaciones. Le pregunta al pescador:

—¿Por qué trata diferente a los cangrejos de esos dos latones?

El pescador lo mira y despacio le responde:

—El latón tapado es de cangrejos del norte, de tierra norteamericano y ellos siempre están tratando de escapar. Por eso les cierro la tapa. Los de los otro latón son cangrejos cubanos. Tratan de escapar pero siempre que llenan al final, otros cangrejos cubanos lo empujan hacia abajo.

☺ ☺ ☺

CÓMO SE HACE UN CUBANO:

Un señor que no gustaba de los cubanos, le pregunto a la Madre Naturaleza:

—Madre Naturaleza, ¿cómo se fabrica un cubano?

Y ella le contesto: —En una olla bien grande mezclas los siguientes ingredientes:

*15 kilos de bulla y ruido   *20 kilos de bailoteo,
*18 kilos de alegría y amistad,   *10 kilos de parranda,
*10 kilos de alarde,   *7 kilos de arrogancia,
*60 kilos de inteligencia,   *60 kilos de superacion.

—Y entonces lo revuelves todo y el Cubano ya esta a punto, le agregas, con mucho cuidado, un poquito de hijo de «P#%»... pero ojo, ¡mucho ojo! Solo **un poquito** porque si te Pasas, SALE UNO COMO TÚ.

CHISTES CUBANOS
DE LA REVOLUCIÓN

NOSCAGAMUS

La maestra cuelga un retrato del presidente Reagan y pregunta a la clase:
—¿De quién es este retrato? Silencio absoluto. —Les voy a ayudar un poquito. Por culpa de este señor estamos pasando hambre. Pepito dice:
—¡Ah, maestra!, es que sin uniforme y sin barba no lo conocía.

☺ ☺ ☺

Fidel va a su astrólogo y le pregunta: —¿Qué día moriré? —Comandante, morirá un día de fiesta nacional.

☺ ☺ ☺

—¿Cuál es la relación monetaria entre el dólar, la libra y el peso cubano?
—Que una libra de pesos cubanos vale un dólar.

☺ ☺ ☺

—¿Qué edad tú me echas?— pregunta Fidel a Pepito. —Setenta años, comandante.
—Muy bien, exacto, ¿y cómo la calculaste?
—Comandante, es que yo tengo un tío medio hijoeputa que tiene treinta y cinco.

☺ ☺ ☺

—Papá, papá, ¿todos los cuentos terminan con «colorín colorao ya mi cuento está acabao»?
—No hijo, algunos terminan con «patria o muerte, venceremos».

☺ ☺ ☺

Iban estos balseros, y un viejito comienza a decir: por favor me siento muy mal; alguien ayúdeme; siento que me voy a morir. Todos se alarmaron. Entonces el viejecito dice quiero una bandera cubana para besarla y despedirme de ella. Y por mas que buscaron no encontraban una, hasta que una de las señoritas allí dice bueno yo tengo una bandera cubana, pero está tatuada en la nalga. El viejecito contesta: no importa. Déjame despedirme de mi Cuba querida por favor. La señorita se lo permite y el viejecito empieza a besar la nalga de ella. Al cabo de un buen rato le dice el viejecito: chica; no podrías voltearte. Quisiera despedirme también de Fidel.

☺ ☺ ☺

Un español que está en Cuba le pregunta a un cubano ¿oye como es el pan aquí? Le responde es una mierda. Y Fidel Castro cómo es, pregunta de nuevo el español. El cubano responde ese un trozo de pan.

☺ ☺ ☺

Cierta vez el jamón y los huevos se fueron de turistas a Cuba. Cuando se bajaron del avión una multitud arremetió contra ellos para comérselos... por suerte pasaron entre la gente y empezaron a correr, y correr, y correr. Cuando llegaron a una esquina se encontraron con un bistek. Entonces el jamón y el huevo le dijeron al bistek. «Corre por que de seguro esta gente que nos persigue te comerá a ti también... corre...» El bistek sonrió confiado y contestó. «NO SE PREOCUPEN YO TENGO MAS DE 30 AÑOS DE VIVIR AQUÍ Y NADIE ME CONOCE».

☺ ☺ ☺

Estaba una vez Chávez, Fidel y Bush. Los tres se habían muerto y fueron al cielo. Al llegar, San Pedro le estaba mostrando las instalaciones del cielo a los recién fallecidos, cuando de pronto dijo: «Cuidado con este charco que el que lo pise tendrá que vivir todo el tiempo con la mujer más fea del cielo». Entonces, un día estaba Bush escuchando radio y pisa el charco. Cuando lo ven Fidel y Chávez que tiene una mujer al lado toda fea, peluda, sin dientes y le preguntan ambos: ¿Bush que te pasó? Y él contesta: Iba caminando y pisé el charco. Luego se ve a Fidel con una mujer gorda, peluda y fea y le pregunta Chávez: ¿Qué te paso? Fidel contesta: Es que iba en bicicleta y pise el charco. Después ven Bush y Fidel a Chávez con Jeniffer López al lado y le dijeron: Chávez ¿Por qué tu pisaste el charco y te salió Jeniffer López y a nosotros las feas?, y dice Jeniffer López: No es que la que pisó el charco fui yo.

☺ ☺ ☺

Obra en dos actos:
En el primer acto aparece la madre de Fidel esparciendo unas semillitas. En el segundo acto aparece uno de sus hijos regando las semillitas. ¿Cómo se llama la obra?
—El retoño de su madre.

☺ ☺ ☺

Iban un viejo, un joven, una muchacha y un borrachito en una guagua. De pronto entra un policía. La guagua arranca y todos le caen a golpes al policía. El chofer cierra bien la puerta y va directo a la estación de policía. Cuando el oficial pregunta responden:
La joven: Este policía me violó a la fuerza.
El joven: Ella es mi hermana y yo tenía que vengarla.
El viejo: Lo mismo oficial, esa muchacha es mi hija y el policía la deshonró.
Y pregunta el oficial al borracho las razones por las que golpeó al policía. Éste responde:

—Pues nada oficial, yo estaba durmiendo unos tragos de más, y cuando vi que todos golpeaban al policía pensé que Castro había caído y era hora de cobrarse las mierdas que nos han hecho sus esbirros.

☺ ☺ ☺

Un periodista le pregunta a un cubano en la calle: —¿Usted se considera señor o compañero?
—Yo me considero señor. Compañero es aquel que va en el Mercedes.

☺ ☺ ☺

Patriotismo en tierra cubana:
El inspector de escuela le pregunta a Pepito:
—Pepito, ¿quién es tu madre?
—La Patria, inspector.
— ¿Y tú padre?
—Fidel, Inspector.
—Y tú ¿qué quisieras ser, Pepito?
—Huérfano, Inspector.

☺ ☺ ☺

CARTA DESDE CUBA:

Mi querida prima Juana [13]

No te he escrito en treinta años
Pues con tantos desengaños
Se me quitó toda gana

---

[13] Recogido del internet con firma de Dr. L. R. García, Chicago, Illinois.

Pero hoy por la mañana
por el hambre que pasamos
le dije a Cuco no vamos
a seguir con esta suerte
al carajo Patria o Muerte
y hablemos con los gusanos.

Pudieras decir de mí
que soy una descarada
que no me ocupé de nada
cuando te fuiste de aquí
y que el tiempo que viví
como loca sin sentido
era miembro del Partido
y era Cuco coronel
y juraba por Fidel
y que ahora está jodido.

Pero qué le voy hacer
mi prima Juana querida
es muy triste que te pida
dinero para comer
muy poco se puede hacer
con un paquetico de esos
con tres cachitos de queso
leche en polvo y vitaminas
y dos latas de sardinas
mejor me mandas mil pesos
te los pagaré mi amor
no miremos para atrás
yo sé que me los darás
por hacerme un gran favor
como tu hijo es Doctor
y es un hombre tan entero

dile que también lo quiero
y que no nos abandone
que mi pasado perdone
y que nos mande el dinero.

Tengo siempre en la memoria
la buena de tu abuelita
la dulce mamá Panchita
que Dios la tenga en la gloria
no me recuerdes la historia
que fui mal agradecida
que después de tu salida
ya nunca más la fui a ver
me cegué como mujer
¡son las cosas de la vida!
Cuco prohibió el hablar
con parientes del exilio
y hasta mi sobrino Emilio
se tuvo que jeringar.

Como él es militar
y empezó como soldado
quiso borrar del pasado
toda mi huella burguesa.
No sabes cuanto me pesa
y lo mucho que he llorado
esto aquí ya no es vivir
ni importa que uno se muera
si no hay moneda extranjera
que se pueda convertir
no te quisiera decir
lo que temo que me pierda
que ya nadie se recuerda
     de nuestra Revolución

Fidel es un maricón
y el comunismo una mierda.

Mi prima no te exagero
yo nunca, nunca te olvido
y si este favor te pido
es porque sin él me muero,
a tu hijo que lo quiero
que siempre estará en mis rezos
y le daré muchos besos
si a Cuba a venir se anima.
Te quiere mucho tu prima
y mándame los mil pesos

RESPUESTA DE JUANA DE MIAMI A SU PRIMA TONA

Recibí tu carta Tona
y me dio mucha alegría
que nos quieres todavía
y que no nos tienes roña
supongo que sea una coña
tu carta de arriba abajo
un chiste malo, un relajo
la leyó mi hijo el doctor
y dice que lo mejor
es mandarte pal carajo

Ahora es que tu prima soy
mas cuando eras miliciana
yo era sólo una gusana
que cambio de ayer a hoy.

Ahora que yo arriba estoy
y que Cuco ya está viejo

de hambre morir lo dejo
porque si lo veo lo mato
por pendejo y por chivato
por chivato y por pendejo.

Vendepatrias nos dijeron
y traidores nos llamaron
y ahora nos llaman hermanos
desde ese atolladero
primero muerta primero
que dinero allá mandar
y nada me va a cambiar
ni me salgo de esa ruta
sigue con hambre hija e puta
no tenemos más que hablar.

LAS TRIBULACIONES DE UN CUBANO EN CUBA

La voz de Cuba Libre[14]

Nací en Cuba, pero un extranjero tiene aquí derechos que yo no tengo.

Soy libre pero no puedo hablar lo que pienso ni decir lo que sueño.

Vivo en una *democracia* pero en mi vida sólo he visto un partido, un solo punto de vista, un solo gobernante.

Puedo votar en *elecciones* pero solamente se presenta un candidato.

Mi educación es gratis pero tuve que trabajar *voluntario* en las escuelas del campo para que no me botaran de las escuelas gratuitas.

---

[14] Tomado de *La Otra Cuba*, 1-3, 2001, pág. 12.

Mi educación es gratis pero no puedo escoger lo que voy a estudiar.

Tengo un título universitario pero trabajo en un paladar.

Trabajo en un paladar que oficialmente no existe ni se puede anunciar porque lo cierran.

Oficialmente no hay nada debido al *bloqueo* norteamericano, pero para los extranjeros que tienen dólares el *bloqueo* no existe.

Mi mamá me decía que en los gobiernos de antes, cuando no había que comer, se comía harina... ¿qué cosa es harina?

Mi cuidado médico es gratis pero en el dispensario no hay medicinas y el médico que nos toca en el barrio está muy ocupado manejando un taxi, y la enfermera resuelve como jinetera, y como está despierta toda la noche ganando dólares, no se le puede molestar por el día.

Tengo un televisor pero hay sólo dos canales de televisión y la misma cara en los dos.

Tengo un ventilador pero no hay corriente eléctrica.

Me gusta bañarme pero no hay agua en mi barrio hace tres años.

Tengo un solo par de zapatos. De mi otro par me robaron el derecho, y he tratado de encontrar un mocho[15] para ver si le puedo comprar su zapato sobrante, pero aquí no es fácil.

Tengo un lápiz pero no tengo papel.

Cuando tengo lápiz y papel recuerdo que no se puede escribir.

Dicen que la vida se vive una sola vez; se ve que el que escribió eso no estaba en Cuba.

Aquí la vida no se vive, sino que se observa.

La Libertad tarda, pero llega... Esperemos...

Y que Dios y la Virgen nos amparen.

☺ ☺ ☺

Capitalismo y Comunismo.

---

[15] Con un solo pie.

—Pepito...¿qué es el Capitalismo?, —pregunta la maestra.
—El Capitalismo es un basurero lleno de carros, juguetes y comida.
—Muy bien, Pepito... y el Comunismo?
—El mismo basurero, pero vacío.

☺ ☺ ☺

El entierro de Fidel:
—¿Cuál sería el mejor lugar para enterrar a Fidel?, pregunta la maestra a sus alumnos.
—En la Plaza Roja, junto a Lenín, —dice Robertico.
—En Francia, cerca de la tumba de Napoleón. —dice Mario.
—En el Santo Sepulcro, donde enterraron a Cristo, —dice Juanito.
—No, no maestra, por favor, —dice Pepito, —allí sí que no, que a lo mejor resucita al tercer día.

☺ ☺ ☺

Tres madres:
Dice la madre de Reagan: Yo crié a mi hijo con leche de bufalo... por eso es digno del Continente Americano y ha hecho tanto por el mundo entero...
Dice la madre de Gorbachev: Yo crié a mi hijo con leche de osa... por eso es digno de la tierra rusa y logró un nuevo comienzo para toda la humanidad...
Dice la madre de Fidel: Yo crié a mi hijo con leche de magnesia... por eso ha formado esa cagazón en Cuba y en el mundo entero...

☺ ☺ ☺

Abel Prieto y Tata Güines

Un grupo de músicos invitó al popular Tata Güines a visitar al ministro de Cultura Abel Prieto, nuevo hombre fuerte de la cultura desde la caída del histórico Armando Hart. Cuando estuvieron frente a frente, Tata le dijo al ministro:
—Pues, sí, minitro, su nombre me es muy familial.
—¿No me diga, Tata? ¿Cómo es eso? —preguntó Abel Prieto.
—Sí, fíjese que cuando yo voy caminando de noche por las calles de La Habana Vieja, siempre se aparece un policía y me dice: «A vel, prieto, enséñame tu carné de identidá».

Pepito en Naciones Unidas

Fidel llama a Pepito para encomendarle una importante misión en Naciones Unidas. Fidel quiere contrarrestar la imagen que hay de que los niños cubanos están pidiendo limosnas en las calles. Cuando Pepito llega a su oficina, Fidel le explica la misión que tiene que cumplir:
—Tú vas a estar allí y vas a decir que los niños cubanos son felices, tienen escuelas y un gran futuro. Pero te advierto una cosa, no pienses que vas a hacer una de las tuyas porque vas con dos compañeros de la Seguridad y ahora mismo te voy a mandar al dentista para que te ponga un micrófono en una muela, y así yo desde aquí voy a escuchar todo lo que tú dices—, le explica Fidel.
Pepito le promete fidelidad y va para el dentista, de allí se lo llevan a Nueva York, donde lo espera un enjambre de periodistas. De sólo llegar al aeropuerto un periodista lo aborda y le pregunta:
—Hola, Pepito. Una pregunta rápida. ¿Quién es tu padre?
—Mi padre es Fidel —responde Pepito.
—¿Quién es tu madre?
—Mi madre es la Revolución.
—¿Y cuál es tu sueño en esta vida?

Pepito se mete la mano en la boca y tapa el micrófono que le puso el dentista:
—¡Quedarme huérfanooooo!

☺ ☺ ☺

Raúl Llama a Fidel
—Oye, mi hermano, hay un gran problema. Toda Cuba se ha ido para Miami.
A lo que Fidel le responde: «Que se vayan pa'l carajo, chico, así nos quedamos tú y yo solos aquí».
—Tú y yo solos —dice Raúl—, ¡qué va, mi hermano, te quedarás tú solo porque yo te estoy llamando desde La Carreta de la Calle Ocho!

☺ ☺ ☺

El Guajiro Alfabetizado
Ha concluido la campaña de alfabetización, y el maestro voluntario se dispone a hacer el examen a los alfabetizados. El primero es un guajiro grande, de mirada penetrante y pocas palabras. El maestro le muestra una foto de Batista y le pregunta: «¿Quién es este hombre?»
—Ése..., ése fue el que nos puso el yugo —responde el guajiro.
—Muy bien —dice el maestro, mientras saca una foto de Fidel y se la muestra al guajiro con la misma pregunta:
—¿Ese? Bueno..., ese..., ese fue el que nos quitó el yugo..., el yugo, los bueyes, el arao, la tierra y to lo demás.

☺ ☺ ☺

ANTIGUO HIMNO NACIONAL CUBANO

> Al combate corred bayameses
> que la patria os contempla orgullosa

no temáis una muerte gloriosa
que morir por la patria es vivir

en cadenas vivir es vivir
en afrenta y oprobio sumidos
del clarín escuchad el sonido
a las armas valientes corred

HIMNO QUE SE CANTA HOY EN CUBA

A mandarse a correr, que hace meses
no como comida caliente.
Hora es ya que le diga a mi gente
en Miami, que voy pa' lla.

En la tienda del pueblo no hay na'
por las noches tan solo apagones
A Fidel le importa un coño,
¡comunista de mierda... a correr !!

HIMNO QUE SE CANTA HOY EN MIAMI

A mandarse a correr miamenses
que de Cuba vienen parientes
ya se están afilando los dientes
mejor vete al carajo a vivir.

Buena vida ellos quieren vivir
a costilla de nuestros sudores
la verdad que son jodedores
exiliados de Miami, a correr.

Una pareja en Cuba reciben de Miami, sorprendidos, un ataúd con un familiar muerto adentro; El cuerpo estaba apretado contra el cristal de la contratapa del ataúd, y en esa contratapa, tenía pegada con scotch tape, una carta...cuando la abrieron decía:

Queridos Papi y Mami:
Les envío los restos de Tía Juana para que los entierren allá en el cementerio de la Habana; siento no poder ir, pero los gastos han sido muy altos. Dentro del ataúd, van a encontrar lo siguiente:
12 latas de Tuna Bumble bee
12 botellas de shampoo Paul Mitchell
12 botellas de vaselina Intensive Care lotion
12 pastas de dientes Colgate
12 cepillos de dientes
12 latas de Spam
Divídelas entre la familia. En los piés de la Tía, hay un par de tenis Reeboks para Joseito.
También hay 4 pares de tenis Reeboks debajo de la cabeza de la Tía, son para los hijos de Antonio. Tía tiene puestos 4 pares de medias deportivas, repártelas entre mis hermanos. También tiene 6 camisetas Ralph Lauren, una para Roberto y las demás para sus hijos.
Tía tiene puestas una docena de Wonder Bras (ajustadores, mis favoritos), repártelos entre las mujeres. Las dos docenas de panties Victoria Secret, dáselas a mi prima Margarita para su boda, con el velo y la tiara que Tía tiene en la cabeza.
Ella tambien tiene puestos 5 pantalones Dockers, uno para ti Papi y los otros para los muchachos. El reloj Suizo que me pediste, está en la muñeca izquierda de la Tía; ella también tiene los aretes, el anillo y el collar que me pediste Mami; cógelos antes que la gente venga al velorio.
La gorra de los Yankees que Tía tiene debajo del velo y la tiara, es para Tío Pepe. Debajo de los panties, hay seis pares de medias de Channel, son para las muchachitas... que no se fajen por los diferentes colores. A los pies de la Tía hay dos ollas Hitachi para hacer arroz y

mas abajo, hay 20 libras de arroz Uncle Ben. Cuando le quites la gorra, verás que Tía tiene una peluca rubia, es para la Tía Sara. Guarden para su uso, los dos paquetes de Q-tips que están debajo de la peluca, son para ustedes. El ataúd es a prueba de agua y flota divinamente; en él caben dos personas y los dos remos están a cada lado de la Tía.
Sin más, su hija que los quiere y los extraña mucho
Carmencita

PS: Por favor, búsquenle un vestido viejo a la Tia antes de exponerla en el Velorio.

CUBA Y PUERTO RICO SON...

Cuba y Puerto Rico son de un pájaro las dos alas; sin embargo entre los dos países existen grandes diferencias:

En Puerto Rico se come bistec de vuelta y vuelta...
En Cuba hay que dar vueltas y vueltas para comerse un bistec.

En Puerto Rico se come carne ripiada...
En Cuba hay que ripiarse para comer carne.

En Puerto Rico la gente usa tennis Fila..
En Cuba la gente tiene que hacer fila para usar tennis.

En Puerto Rico se come plátanos a puñetazos...
En Cuba hay que dar puñetazos para comer plátanos.

En Puerto Rico se come muslo de pollo con encuentro...
En Cuba se come muslo de pollo si lo encuentras.

En Puerto Rico se usan pantalones de casimir negro...
En Cuba hay casi mil negros sin pantalones.

☺ ☺ ☺

Un castrista entra en un restaurante en Venezuela, en donde trabaja un mesonero que le tiene rabia a los comunistas.
—El castrista se sienta y grita:
—Camarero, camarero...
—El mesonero contesta:
—Disculpe aquí en Venezuela no se le llama camarero, se le llama mesonero.
—Esta bien disculpáme mesonero, me puedes traer una gaseosa?
—Aquí en Venezuela no se le llama gaseosa, se le llama refresco.
—Bien .. Traéme un refresco y un bocadito de jamón..
— Aquí no hacemos bocaditos hacemos sandwich.
— El castrista, bien cabreado le pregunta:
— ¿Disculpáme mesonero y como se les llama aquí a los Hijos de Puta?
—«No se les llama, ellos vienen solitos por Cubana de Aviacion».

☺ ☺ ☺

«Recuerdo uno de ellos, muy popular en Cuba: Pregunta —¿Cuál es el colmo de un dictador? Respuesta: Matar a un pueblo de hambre y no cobrarle el entierro».[16]

☺ ☺ ☺

Conversación entre Hugo Chávez y Fidel Castro
Fidel: —¿Es Chávez?

---

[16] En Reinaldo Arenas: *Necesidad de Libertad*. Ediciones Universal, Miami, 2001.

Chávez: —Sí, comandante, soy yo.
Fidel: —Hugo, te llamé porque tú sabes que yo siempre quiero estar al tanto de las cosas de Venezuela. Dimé, ¿cómo está eso por allá?
Chávez: —Comandante, a pesar de todo, esto está bien. Yo estoy en mi tarea principal: *boliva-riando* al pueblo. Y tú, ¿qué haces?
Fidel: —Yo, en los que siempre he estado haciendo: *martirizando* al pueblo.

☺ ☺ ☺

Una señora va a la agencia de carros y se compra un carro nuevo. Con equipo de primera.
En el camino a su casa la Sra. pone la radio, pero no funciona.
Se regresa a la agencia y le dice al señor que le vendió el carro.
A este carro no le trabaja la radio.
El vendedor contesta. «Si funciona señora, es que trabaja por comandos orales».
¿Como es eso? pregunta la señora.
Fíjese. El vendedor le dice al radio: «Iglesias», el radio le pregunta: «¿Julio o Enrique?» «Julio» le dice el vendedor. El aparato se pone a tocar todas las canciones de Julio Iglesias.
La señora se va contenta con su radio.
En el camino se cansa de oir canciones de Julio Iglesias y le dice al radio: «Gloria».
La radio le pregunta: ¿Trevi o Estephan?.
Stephan le contesta la señora.
La radio se pone a tocar canciones the Gloria Estephan.
Llegando a la casa otro carro se pasa con la luz roja, y casi choca con la señora; La señora le grita:
«HIJO DE PUTA».
La radio le pregunta:
¿Fidel o Chavez?

☺ ☺ ☺

Fidel Castro, *El Caballo* tiene diarrea mental y por eso todo lo que hace sale cagado. (Todo lo que hace Castro es mierda).

☺ ☺ ☺

Agentes de la Seguridad del Estado van a la escuela de Pepito a interrogarlo, ya que éste se había hecho famoso por difamar contra la Revolución y sus líderes. Al final de la clase Pepito es llamado a la dirección, donde lo esperaban los agentes y el Director, quien le pregunta:
— Pepito, ¿es verdad que tú dijiste que la Revolución había impuesto un régimen de represión que prohíbe las más elementales manifestaciones de libertad a los cubanos ?
— Sí Director, es verdad que lo dije.
—¿Y que el hambre tenía mayor grado que Fidel, porque este es Comandante pero el hambre es General?
—Sí Director, también lo dije
— ¿Y es verdad que tú dijiste que cuando Fidel se muera vas a escupir sobre su tumba ?
—No, no, no, eso yo no lo dije... que va Director, esa cola no me la meto yo.

☺ ☺ ☺

ADÁN Y EVA ERAN CUBANOS:
Sí, Adán y Eva eran cubanos, pues no tenían zapatos, andaban desnudos, no podían comer ni una manzana, sus hijos se mataban y les aseguraban que vivían en el paraíso.

☺ ☺ ☺

GEOGRAFÍA

Cuba es el país más extenso del mundo pues tiene su territorio en las Antillas, su segunda ciudad en Miami, la capital en Moscú y el cementerio en Angola.

☺ ☺ ☺

INFIERNO CUBANO
Un hombre muere y va al infierno. Allí se encuentra con que hay un infierno para cada país.
Va primero al infierno alemán y pregunta:
—¿Qué te hacen acá?
—Aquí primero te ponen en la silla eléctrica por una hora, luego te acuestan en una cama llena de clavos por otra hora, y el resto del día viene el diablo alemán y te cae a latigazos.
Al personaje no le gustó nada y se fue a ver en qué consistían los otros infiernos.
Tanto el americano como el ruso y el resto de los infiernos de distintas naciones hacían lo mismo que el alemán. Entonces ve que en el infierno cubano hay una fila llena de gente esperando entrar.
Intrigado, pregunta al último de la fila:
—¿Qué es lo que hacen acá?
—Aquí te ponen en una silla eléctrica por una hora, luego te acuestan en una cama llena de clavos por otra hora, y el resto del día viene el diablo cubano y te cae a latigazos
—Pero es exactamente igual a los otros infiernos, ¿por qué aquí hay tanta gente queriendo entrar?
—Porque la silla no funciona por falta de electricidad, hace tiempo se robaron los clavos y no pueden reponerse y el diablo cubano viene, marca tarjeta, y se va.

☺ ☺ ☺

LA VACA EXISTE, les aseguro que la vaca existe, aunque nunca la he visto y nunca la he comido...

☺ ☺ ☺

PARODIA DE «EL REY»:[17]

    Con dinero y sin dinero
    No le paga ni a su abuelo
    Y su palabra es la ley
    Ora ya no tiene un peso
    Ni naide que se lo preste
    Y es que sigue siendo un buey.

☺ ☺ ☺

EL SOCIALISMO
En teoría marxista el socialismo es el camino hacia el comunismo. Pero para los cubanos el socialismo es el camino más largo entre el capitalismo y... el capitalismo.

☺ ☺ ☺

Los versos más populares de la Navidad en Cuba:
    Mi querido Santa Claus
    que con tantas cosas puedes;
    no te pido que me traigas,
    sino que más bien te lo lleves.[18]

☺ ☺ ☺

---

[17] Parodia de la famosa canción mexicana "El rey" por el escritor cubano Roberto Luque Escalona (*El Nuevo Herald*, 28 de octubre del 2000).

[18] Se refiere a que se lleve a Fidel Castro.

Fidel a Pepito: ¿Así que tú eres el de los cuentos?
—No comandante— le contesta Pepito. «Yo soy el de los chistes, el de los cuentos es usted... »

☺ ☺ ☺

Un comunista gritaba en una esquina:
¡¡¡¡Fidel nos quitó a los cubanos las **cadenas!!!!!**...Y un borracho que pasaba le contestó:
—Es verdad... y también los pulsos, los collares, las sortijas, *los aretes*, y hasta las medallitas de la Virgen del Cobre.

☺ ☺ ☺

¿Sabes que se ha descubierto que los cubanos no descienden del mono sino de la foca?
—¡No me digas!, ¿y por qué?...
Porque aunque tienen el agua al cuello se pasan todo el día aplaudiendo...

☺ ☺ ☺

Antes de la revolución: la gente se moría y después se convertía en esqueleto. Después de la revolución: la gente se convierte en esqueleto antes de morirse...

☺ ☺ ☺

Se encuentran dos esqueletos, uno americano y otro cubano.
El cubano le dice al americano con admiración:
—Chico, ¡qué clase de esqueleto eres tú: grande, fuerte, de huesos gordos y blancos, ¡tremendo esqueleto!
El esqueleto americano le responde:

—Es que yo comí mucho bistec, tomé mucha leche, muchas vitaminas...pero chico, para ser un esqueleto cubano tu no estás tan mal. ¿Tú tenías cuota especial cuando estabas vivo?»
Y el esqueleto cubano responde:
—No, no, chico, yo estoy vivo todavía.

☺ ☺ ☺

Fidel declara en la plaza:
—¡En Cuba no hay nadie que se acueste sin comer!
Uno del público levanta la mano y dice:
—Comandante, yo no he comido nada hoy.
Y Fidel le contestó:
—¡Pues chico, tu verás que tampoco te vas a acostar!

☺ ☺ ☺

La maestra pregunta a Pepito: ¿Cuáles sistemas son incompatibles con el sistema comunista?
Responde Pepito:
—Dos maestra: el sistema digestivo y el sistema nervioso central.

☺ ☺ ☺

La maestra pregunta a los alumnos:
—¿Cuántos tipos de leche ustedes conocen?
—¡Leche de vaca!, dice uno; ¡leche de chiva!, dice otro; y así sucesivamente hasta llegar a Pepito:
—Leche de caballo muerto, maestra.
—¿Cómo es eso, Pepito? Explícate.
—Sí, maestra, porque cada vez que le pido leche a mi mamá, ella me dice: «¡Cuando se muera ese caballo de mierda!...»

☺ ☺ ☺

Un visitador de Salud Pública toca a una puerta en la Habana y pregunta:
—¿Tienen en esta casa perros, gatos, pájaros o cerdos?
—*No*, —contesta el inquilino— pero tenemos moscas, ratones, mosquitos y cucarachas.

☺ ☺ ☺

¿Quién es el mejor amigo de los ratones?
—Los cubanos.
—¿Por qué?
—Porque se están comiendo todos los gatos.

Y ¿quién es el peor enemigo de los ratones?
—Los cubanos
—¿Por qué?
—Porque al terminar con los gatos se comerán los ratones.

☺ ☺ ☺

Raúl le dice a Fidel:
—Oye, la cosa esta fea. Hasta los niños están pasando hambre; no tienen ni siquiera qué desayunar.
—¡Qué va, chico, estás equivocado! Mira, te lo voy a demostrar:
—Oye tú, niño, ven acá. A ver, ¿qué te desayunaste hoy?
— Bueno, jugo de naranja, café con leche y tostadas con mantequilla.
Se vira para otro lugar y le dice a otro :
—Tú, niño. ven acá,¿qué te desayunaste hoy?
—Yo Fidel, batido de chocolate y un sandwich de jamón y queso.
—¿Ves Raúl, que estás equivocado? ¡Todos desayunaron!
Raúl dice para sí mismo: «Ahora sí que se jodió éste, ya no reconoce ni a sus propios nietos».

☺ ☺ ☺

Un cubano trata de entrar en un hotel en Varadero y lo paran en la puerta:
—Oye, compañero, no puedes entrar.
— Mire, —le dice el cubano—, yo peleé en la Sierra Maestra.
— No me importa, compañero, esto es para turistas.
— Oiga, —vuelve a insistir el cubano —que yo peleé en Girón.
—No, compañero te he dicho que no puedes entrar, esto es por dólares.
Insiste el cubano:
—Mira chico, no me expliqué bien, la verdad es que yo fuí casquito y peleé en la Sierra contra Fidel, después vine en la invasión de Girón y me cambiaron por compotas y ahora estoy aquí por la comunidad cubana en el exilio, y vine de Miami, a visitar a mi familia.
Entonces dice el guardia:
—¡Ah, Ah, perdone señor, pase, pase, por favor.,¿ Porque no me lo dijiste? ¿Tu tienes dólares? Pasa, Pasa . ¡Ud. es bienvenido¡

☺ ☺ ☺

La maestra cubana muestra en clase una foto del presidente Bush y pregunta:
—¿De quién es ese retrato?...
Silencio absoluto... Ningún niño contesta...
La maestra:
—Bueno... les voy a ayudar un poquito. Por culpa de este señor estamos pasando hambre».
Y Pepito dice:
—¡Ah maestra!, es que sin uniforme y sin barba no lo conocía...

☺ ☺ ☺

Aviso oficial en el diario *Granma*:

Para el año que viene se distribuirán dos sacos de arroz por persona... uno para hacerse un pantalón y otro para hacerse una camisa.

☺   ☺   ☺

Una señora entra a una carnicería en la Habana y después de comprar varias libras de bistec filete le pregunta al carnicero:
—Me hace el favor,: ¿dónde se pueden comprar mariscos frescos por aquí?
—Mire señora, —le contesta el carnicero —a dos cuadras de aquí venden todo tipo de mariscos frescos y una langosta de primera.
—Y ,¿cómo llego hasta allí, exactamente?
— Responde el carnicero: doble en esa esquina y siga recto dos cuadras, que el establecimiento queda frente por frente a donde estuvo el mausoleo donde enterraron a Fidel cuando al fin se murió. Así sea...

☺   ☺   ☺

Los nuevos Zapaticos de Rosa

    Hay sol bueno y no hay espuma
    ni jabón para lavar,
    y Pilar quiere comprar
    en la «Shopping» con un Yuma.

    ¡Vaya la niña divina!
    Dice el padre y le da un peso.
    Papá, ¿qué hago con eso?
    ¡Si no es «fula», no camina!

    Yo voy con mi niña hermosa,
    pues todavía estoy «buena»,
    y jineteando en la arena

resolvemos muchas cosas.

Y se fueron las dos luego
por la calle 23.
La madre ligó un gallego,
la hija ligó un francés.

Está la playa muy linda
¡cómo roban en la playa!
Le robaron la toalla
a la pobre de Florinda.

Y a la bella Magdalena,
con tres meses de embarazo,
le metieron un trancazo
pa´ robarle la cadena.

Está Alberto, el militar,
que trabaja con «Gaviota»
huyendo a la poco cuota,
echando un bote a la mar.

Pilar corre a su mamá.
—¡Mamá, se armó el despelote!
déjame marcharme en bote
¡yo te reclamo de allá!

Esta niña caprichosa,
le dice: —¿Que no o que sí?
—Anda y me escribes de allá
y mándame muchas cosas.

Sabe la madre, que hermosa
mucho tiempo no va a estar

y si no se va Pilar
¿cómo consigue las cosas?

Y dice una mariposa
que la vio al bote montar.
—¡Ahora sí vas a comprar
los Zapaticos de Rosa!

☺   ☺   ☺

Fidel Castro y su chofer paseaban por el campo de Las Villas cuando de pronto un cerdo (puerco) cruza y lo arrollan.
El dictador ordena al chofer que vaya al bohío y le explique al guajiro lo que pasó.
Como una hora después el chofer regresa al auto pero con sus ropas manoseadas, una botella de ron en una mano, un tabaco en la otra mano y una sonrisa de gran felicidad.
—¿Qué pasó?, pregunta Castro.
— En realidad no sé, responde el chofer. El guajiro me dio la botella, la esposa me dio el tabaco y la bellísima hija de ambos me hizo el amor como una enloquecida.
— ¿Pero qué les dijiste para que todo eso hicieran?
— Exactamente lo que usted me dijo que dijera, que yo era el chofer de Fidel Castro y acababa de matar al puerco.

☺   ☺   ☺

Dos amigos hablando en Cuba:
—¿Sabes lo que le pasó a Pepe?
—No, ¿qué le pasó?
—Pasó a mejor vida.
—No me digas, ¿cuándo se murió?
—No, no se murió, se fue para Miami.

☺ ☺ ☺

Fidel Castro se encuentra con Pepito y le pregunta:
—¿Sabes quién soy yo, Pepito?
Pepito le contestó:
—No señor, no sé quién es usted».
Fidel muy enojado le dice:
—Pues como castigo de no conocerme, ahora mismo tienes que decirme 20 palabras que comiencen con la letra C para que nunca mas en tu vida se te olvide mi nombre que es Castro.
Y Pepito le dice:
—Compañero, Comandante Castro.¿Cómo y Cuándo Comeremos Cangrejo Con Cerveza Cristal Como Comen los Cabrones Comelones del Comité Central Comunista Cubano?
Castro asombrado le contestó:
—¡carajoooo!
Y dice Pepito:
—Ah, esa fue la que se me olvidó.

☺ ☺ ☺

Fidel anda paseando por el malecón cuando escucha a un ciudadano, sentado en el muro, repitiendo ¡qué hambre tengo, cuánta hambre hay en este pais... qué hambre tengo!. El Comediante en Jefe se detiene y le dice al ciudadano:
—Pero chico, como tú te estás quejando de tener hambre si aquí, con la Revolución, se ha eliminado el hambre?..Ven conmigo que te voy a llevar a comer para que veas que aqui hay de todo.
Y acto seguido, se lleva al ciudadano para un restaurante de La Habana.
Se sientan a una mesa y empieza Fidel: «Mira, tómate un vaso de agua mientras viene el mesero y te contaré todo lo que ha logrado la revolución». El cubano se toma el vaso y, media hora después Fidel interrumpe su perorata y le dice: «toma un poco más de agua mientras te

hablo del bloqueo yanqui». Tras otra perorata Fidel dice: «mira, ahora te quiero explicar lo que va a hacer la Revolucion en los próximos diez años», y le sirve otro vaso de agua al infeliz ciudadano. Por fin termina Fidel y se acerca un mesero, con lo que el dictador se dirige al ciudadano y le dice: «ahora, pide lo que tú quieras comer». El pobre cubano contesta: «Bueno Fidel, la verdad es que con toda el agua que me he tomado ya no me cabe comida en el estomago». A lo que responde Fifo:
—Chico, ¿tú ves que tu no tenias hambre na? Lo que tu tenias era sed.

☺ ☺ ☺

Maestra: —¿Cómo le hacemos el ataúd al comandante?
Pepito: —De caoba; Juanito: de ébano; Jaimito: del material que sea, pero redondo maestra.
—¿Por qué, Jaimito?
—¡coño, pa llevarlo a patadas al cementerio!

☺ ☺ ☺

Un borrachito tendido en el Malecón... «Fidel, hijjjoo de pputta, FFidell hijjo de pputaaaa...»
Pasa un policía y le dice: «lo voy a llevar preso por insultar al comandante».
—«Bueno, coño pero hay muchos que se llaman Fidel»
—«Sí, pero hijo de puta hay uno solo».

☺ ☺ ☺

Grita ¿Viva Fidel!

    Resiste todo apagón
    ilumínate con vela,
    cepilla con sal tus muelas

y come como un ratón.

Trabaja como un cabrón,
límpiate bien sin papel.
Endulza el café con miel
monta carretón de mulo,
apriétate bien el culo...
Y grita: ¡viva Fidel!

Tómate el agua caliente
al baño ve sin jabón.
Toma el azuquín por ron,
para despejar la mente.

Friega bien sin detergente
y escribe cartas sin papel
dibuja bien sin pincel
haz comida sin carbón,
y para ser mas cabrón
repite: ¡viva Fidel!

Ve al trabajo descalzo
aféitate sin cuchilla
come soya por ternilla
y ceolita por sulfato.

Come fricasé de gato
adobado con laurel
como comunista fiel
cúrate sin medicina
maneja sin gasolina
y grita: ¡viva Fidel!

Alumbrate con chismosa

almuerza con hamburguesa,
ve a la iglesia ... y coño... ¡reza!
para que cambie la cosa.

Si quieres tener esposa
cásate sin luna de miel
pon la mesa sin mantel
usa calzado sin media
y si no quieres tragedia
grita: ¡viva Fidel!

Escribe sin lapicero
haz las copias sin carbón
por café toma infusión
y piensa como un carnero
y como buen zapatero
haz un zapato sin piel
corta un cuero sin troquel
y no uses pegamento
y legaliza el invento
gritando: ¡viva Fidel!

Ve a otro pueblo en bicicleta
y no uses desodorante
y para estar elegante
anda con short y chancleta
y si quieres ser maceta
y coger un buen nivel
móntate en un carrousel
vende, compra, y especula
jinetea y busca fula
y grita: ¡viva Fidel!

SIGNIFICADO DE ALGUNAS PALABRAS:

AZUQUÍN: Bebida alcohócia clandestina elaborada con bajos recursos, buena en curas de parásito (puede ser dañina para la memoria).
SOYA: familia de los granos, prima hermana de los frijoles y descendiente del chícharo. Produce insomnios, mal carácter, mal aspecto físico y tendencias a sacar el dedo. (ya saben quien lo consume).
MACETA: persona capacitada para resolver bienes materiales usando el mercado negro como escapatoria. esta especie suele durar pocos meses y terminan siempre como vino al mundo y 10 años de sentencia.
FULA: palabra proveniente del latín... dólares
FIDEL:.. No encontre definición

☺ ☺ ☺

DESDE CUBA
Estaremos siempre al lado del gobierno... porque si vamos adelante nos coge... y si vamos detrás nos caga...
Lo malo de Fidel Castro no es que viaja, sino que el cabrón siempre regresa...
Cuando Fidel se muera, la desgracia que le va a dejar a Cuba no es que la deuda del país es externa... sino que es eterna...
Las inundaciones no se produjeron debido al último ciclón, sino porque el país se hunde.
Algunos nacen con suerte... otros en Cuba.
Prohibido robar...!, el gobierno no admite competencia.
El gobierno cubano es como un bikini, nadie sabe como se sostiene pero todos quieren que se caiga.
Para que Cuba mejore, lo que necesitamos es que las putas sean las que gobiernen pues con sus hijos nos ha ido muy mal...

Un perrito cubano decide emigrar a Miami, una vez allí se encuentra con un perro norteamericano y este le pregunta ¿qué tal tu vida en Cuba?
—Fantastica yo era el perrito de Fidel, tenía la mejor comida, la mejor cama, el mejor veterinario las mejores perras...
—¿y por qué emigraste?
—Es que quería ladrar.

☺   ☺   ☺

Estaban varios tiburones nadando en el Atlántico y deciden separarse para buscar comida y volverse a reunir la semana siguiente.
Pasa la semana, se encuentran y uno de los tiburones, gordito y rozagante, explica que fue las Bahamas y se comió a dos turistas rubios.
Otro de los tiburones, también bien alimentado, explica que fue a South Beach en Miami y se comió a un gordito cuano y a un negrito futbolista. Miran entonces al tercer tiburón que lucía hecho leña. Con magulladuras, golpes, mordidas y flaco como un palillo. Le preguntan entonces, qué le había pasado. Y el pobre tiburón, casi muribundo, responde:
—Tuve la desdicha de escoger Cuba como lugar para alimentarme. Me fui a Varadero y de pronto, oigo un grito: «¡LLEGÓ LA COMIDA!» y vinieron cientos de cubanos a tratar de agarrarme y en el camino me mordían y arrancaban pedazos. De casualidad estoy aquí haciendo el cuento...

☺   ☺   ☺

Una señora de avanzada edad va a montar en un barco en el puerto de Mariel y en ese mismo momento se le salen de la boca los dientes postizos y un policía gentilmente los recoge y le dice: mire señora sus dientes, y ella le responde: déjelos que con esos comí mucha mierda en el comunismo. Los de comer bueno me están esperando en Miami.

☺ ☺ ☺

Reagan, Gorbachov y fidel llegan a un pantano donde La gente se hunde según lo mentiroso que sea.
Reagan entra y se hunde hasta la cintura.
Entra Gorbachov y se hunde hasta el cuello.
Por último entra Fidel y solamente se hunde hasta los tobillos.
Cuando están a solas le pregunta Raúl:
—¿Cómo lo hiciste?
Nada muchacho, yo sabía donde estaba Lenin y me paré sobre su cabeza.

☺ ☺ ☺

Gorbachov le envía un telegrama a fidel:
¡Apriétense los cinturones!
Fidel le contesta:
¡Manden cinturones!

☺ ☺ ☺

Fidel se encuentra con Pepito y pasa una noche de lo más divertida con sus chistes. Tan contento queda fidel, que le dice a Pepito:
—Mañana voy a repartir sandwichs de jamón y queso en todas las escuelas.
Pepito le dice: —comandante, ¿ahora es que usted va a empezar los chistes suyos?

☺ ☺ ☺

La maestra pregunta: a ver Juanito, dime tres logros de la revolución:
—La salud, la educación y la defensa.
—Muy bien, Ahora tú Pepito, dime tres dificultades:

—Desayuno, almuerzo y comida.

☺ ☺ ☺

Cuando Dios hizo el mundo, para que los hombres prosperaran decidió darles dos virtudes. Así, a los yanquis los hizo ordenados y respetuosos de la ley; a los alemanes, tenaces y estudiosos; a los japoneses, trabajadores y pacientes. Cuando llegó a los cubanos, le dijo al ángel que anotaba en una planilla:
—Estos van a ser inteligentes, honestos y comunistas.
Cuando terminó de hacer el mundo, el ángel le llamó la atención y le dijo:
—Santo Padre, tu has dado a todos los pueblos del mundo dos virtudes, pero a los cubanos les has dado tres. Eso hará que ellos prevalezcan por encima de todos los otros pueblos del mundo».
—¡Caramba!, —dijo Dios— es cierto, pero como los dones de Dios no deben quitarse, deberemos remediar esto. De ahora en adelante, los cubanos conservarán esas tres virtudes pero, para no prevalecer por sobre los demás, ninguno podrá ejercer más de dos virtudes simultáneamente».
Es por eso que, desde ese momento, el cubano que es comunista y honesto no puede ser inteligente; el que es inteligente y comunista, no puede ser honesto, y el que es inteligente y honesto, jamás podrá ser comunista.

☺ ☺ ☺

Fidel llama a Pepito y le dice:
—Pepito, estoy muy preocupado porque el pueblo está empezando de nuevo a ir a las Iglesias. Tenemos que acabar con eso. ¿Me puedes ayudar tú que eres tan inteligente?
—No se preocupe Comandante; deje eso de mi parte.
Al cabo de una semana todas las Iglesias estaban vacías, y Fidel llama a Pepito.

—Eres un genio, Pepito.¿cómo lo hiciste?.
—Muy facil, comandante, quité a Jesucristo y puse un retrato suyo.

☺ ☺ ☺

COMPRA INDEBIDA
Un policía se queja a la mamá de Pepito porque éste anda diciendo que con los dos quilos[19] que tiene, va a comprar a Fidel y a Raúl.
La madre le da una tunda a Pepito cuando llega a la casa.
—Te he dicho mil veces que no andes por ahí gastando el dinero en porquerías.

☺ ☺ ☺

DEMOCRACIA
Fidel coge preso a Pepito y le pregunta:
—Así que tu eres el autor de todos los chistecitos esos...
—De todos menos uno, comandante.
¿De cual?
—Del que dice que Cuba es el país mas democrático del mundo.

☺ ☺ ☺

UN PUEBLO DISCIPLINADO
Fidel le dice a Raúl.
—Voy a hacer una prueba para ver como está la disciplina del pueblo. Convoca a una concentración.
En medio del discurso dice:
—Los voy a ahorcar a todos ustedes. Se hace un silencio absoluto, hasta que un compañero levanta tímidamente la mano.
—A ver, dime tú, le dice Fidel.

---

[19] Centavos en Cuba.

—No, no. Es solamente una pregunta: Ud. pone la soga, o la tenemos que traer nosotros?

☺   ☺   ☺

ANTE LA ESTATUA DE MARTÍ
Al pasar Fidel por la plaza de la Revolución, Martí le dice:
—Oye, tú, consígueme un caballo, que ya estoy cansado de esta posición en que parezco un jugador de ajedrez. Acuérdate que yo soy general y merezco una estatua ecuestre.
Fidel huye espantado, se encuentra con Raúl y le cuenta lo ocurrido.
—Fidel a ti te está afectando mucho la situación, las estatuas no hablan.
 —Ven, para que lo oigas tú mismo.
Al llegar al pie de la estatua Martí le dice a Fidel:
—Oye, te pedi un caballo no un burro

☺   ☺   ☺

Un negro cubano en Nueva York, que no quería ayudar a su amigo a emigrar, lo llama por teléfono a La Habana y le dice:
Oye compadre, te he dicho que no vengas para acá, ahora mismo estoy viendo por la ventana como un perro se come a un negro.
Pues mira, que de todas formas voy para allá, porque ahora mismo estoy viendo por la ventana como un negro se come a un perro.

☺   ☺   ☺

LA MARAVILLOSA MÁQUINA JAPONESA
Fidel va a Japón y se enamora de una máquina en la que un japonés caga por una tolva, hala de una palanca y sale un cake de chocolate.
Fidel compra diez máquinas y las trae para la Habana.
Pero por mucho que intentan, sólo daba mierda de la mala a la salida. Como el equipo estaba en garantía, vienen los técnicos japoneses.

Hacen unas pruebas que dan como resultado que con la mierda japonesa funcionaba a las mil maravillas, pero no así con la mierda cubana.
Entonces los técnicos japoneses hacen unos análisis, después de lo cual llaman a Fidel y le dicen: comandante, ¿cómo usted quiere que salga cake de chocolate si la dieta de los cubanos no contiene huevo, ni leche, ni chocolate?

☺ ☺ ☺

POR QUÉ A FIDEL LE DICEN EL SEMÁFORO?
1- Primero estuvo con los rojos (rusos)
2- Después con los amarillos (los chinos)
3- Ahora está con los verdes (los dólares).

☺ ☺ ☺

Le pregunta un turista a un cubano en la isla...
—¿Por qué aquí en Cuba no les permiten tener internet en sus casas?
El cubano responde:
—Es que si nos dejaran tener internet, todos escaparíamos navegando.

☺ ☺ ☺

Le pregunta un turista a un cubano...
¿Y cómo es la vida aquí en la isla?
El cubano responde: No nos podemos quejar
El turista: Entonces ¿viven bastante bien, no?
El cubano: ¡No,noooooo!!! Que no nos podemos quejar, o nos meten presos.

☺ ☺ ☺

Para el año que viene se distribuirán dos sacos de arroz por persona... uno para hacerse un pantalón y el otro para hacerse una camisa.

☺   ☺   ☺

Una viejecita vivía sola con un loro antifidelista, que se pasaba todo el día gritando: — Que Muera Fidel!!!.. Que Muera Fidel!!!
Un día, algunos «compañeros del CDR» que vivían en el mismo barrio fueron a hacerle un reclamo a la viejita para que callara al loro.
Esta, preocupada habló con el loro:
—Lorito, mijo, cállate la boca, deja de meterte con el Comandante que nos van a encarcelar a los dos, cállate la boca.
Pero el loro seguía: —Que muera Fidel, que muera Fidel..
La viejita fue a hablar con el cura del pueblo para explicarle la situación, a ver si podía ayudarla, y el cura le dijo:
— A ver, hija, lo que podemos hacer es que Ud. me lo traiga y lo metemos en la misma jaula donde tengo a un lorito muy católico que sabe decir misa, el Santo Rosario y muchas otras oraciones, para ver si así se le olvida el asunto y aprende a rezar.
Así fue...
Al cabo de 15 días, la viejita va de nuevo a visitar al cura para ver los resultados, y le pregunta:
— Padre, qué pasó con el lorito?.
Entonces el cura la mira con suma preocupación y le dice:
— Yo creo que la cosa se puso peor, hija mía, porque cuando tu loro dice: ¡Que muera Fidel!, el mío responde:
—Te lo pedimos, Señor...

☺   ☺   ☺

Y parió Catana

Un día San Pedro estaba haciendo su trabajo rutinario a las Puertas del Cielo, cuando notó que una de ellas se había descolgado, por lo que necesitaba una rápida reparación. Salió y se dirigió a la fila de personas que esperaban su turno para entrar:
—¿Hay algún herrero aquí?
Tres hombres levantaron la mano: un africano, un italiano y un cubanito, acabadito de ahogarse en el estrecho de la Florida, cuando huía en balsa de Cuba. Todos se habían dedicado exclusivamente a hacer trabajos de herrería para sus gobiernos.
San Pedro les pidió que revisaran la puerta y le hicieran un estimado. El africano se acercó a la puerta, la revisó: «Creo que con $900.00 quedará bien; $300.00 para materiales, $300.00 por la mano de obra y $300.00 para mí».
El siguiente fue el italiano, el cual revisó a conciencia cada parte de la puerta: ¡Estas son las puertas más hermosas que haya visto! Casi podría decirse que fueron hechas en Italia, de hecho en Florencia, durante el Renacimiento. Una verdadera obra maestra. El costo por arreglar la puerta será de $3,000.00 dólares: mil para los materiales, mil por la fina mano de obra italiana y mil para mí.
—Gracias, ahora ¡que venga el cubano!.
El cubanito dio un rápido vistazo a la puerta y le dijo a San Pedro: «Serían $2,900.00 dólares. Mil para ti, mil para mí y mil para contratar al africano».

☺   ☺   ☺

UN JOVEN CANTANDO POR LA RAMPA EN LA HABANA
—Estoy aquí, aquí, para quererte, estoy aquí, aquí para adorarte...
Un borracho que lo oye le dice:
—Dejate de cuento que tú estás aquí porque seguro que no tienes quien te reclame.

☺   ☺   ☺

DISCUSIÓN FILOSÓFICA:
Dísele un borracho al otro:
—El hombre fue producto de la evolución de las especies.
—No digas tonterías, responde el otro borracho.
—Al hombre lo creó Dios... Pero al ver al otro con botas y medias verde olivo, aclara:
—Claro, con la firme y desinteresada ayuda de la URSS.

☺ ☺ ☺

SEREMOS COMO EL CHE:

Un borracho pasa frente a una escuela, y al escuchar el grito de los niños: «Seremos como el Che...» el borracho comenta:
—Sí, asmáticos...

☺ ☺ ☺

OBSTETRICIA CUBANA:
Uno de los adelantos de la medicina cubana es no tener que darle una nalgada al niño cuando nace. El médico se acerca al niño y le dice bajito al oido:
—Oye, naciste en Cuba...
Acto seguido el bebe empieza a chillar.

☺ ☺ ☺

CASADA Y VIRGEN:
Una cubana casada dos veces antes, se casa por tercera vez.
Esa noche confiesa a su nuevo marido que es virgen.
—Pero...! Qué dices? Si has estado casada dos veces.
—Sí, pero es que mi primer marido estuvo en Angola y tenía una herida precisamente ahí...
Y el segundo? le pregunta el nuevo marido

—Era marxista-leninista, responde la mujer
—Y eso ¿qué tiene que ver?
—Pues que cuando nos metíamos en la cama lo único que hacía era prometerme, lo bien que iba a resultar todo.

☺ ☺ ☺

MÁXIMA ASPIRACIÓN
Le pregunta el papá a su hijo cubano de seis años:
—Qué quieres ser cuando seas grande?.
El niño le responde:
—¿Yo? ... Extranjero.

☺ ☺ ☺

HATUEY:
Un turista español que está tomándose una cerveza en Varadero, le pregunta al gerente del hotel:
—¿Quién era Hatuey?
—Hatuey era un terrorista dominicano que se infiltró en nuestro país y hubo que sancionarlo.

☺ ☺ ☺

COMPETENCIA CUBA - USA
Un cubano y un americano echan una carrera y gana el americano.
Al otro día sale en el *Granma* el siguiente titular :
«Cuba, en último lugar. USA, en el penúltimo».

☺ ☺ ☺

GRACIAS A DIOS:
Un guardia norteamericano de posta en la cerca de la base naval de Guantánamo comenta con el guardia cubano que está del otro lado:
—Gracias a Dios que solo me quedan 15 minutos para terminar mi turno.
—Gracias a Fidel, contesta el cubano, que en 15 minutos también termino el mío.
El americano le pregunta:
Son los tuyos valores imperecederos? Qué vas a decir cuando se muera Fidel?
—Gracias a Dios...!

☺ ☺ ☺

¿DONDE ESTÁN LOS PECES GRANDES?
Fidel va a pescar con Ramiro Valdés, el Jefe de Seguridad del Estado. Tira el anzuelo y después de un rato saca un pecesito chiquito. Muy molesto le dice a Ramiro:
—Encárgate de esto, Ramiro.
Y se ve a Ramiro cuando coge el pececito y le entra a punetazos, lo tira al suelo, le pisa la cabeza y se le oye interrogándole:
—Dime, dime afeminado, donde están los grandes?

☺ ☺ ☺

EN EL AEROPUERTO
Fidel y Raúl están en el aeropuerto esperando a Gorvachov y comienza a llover.
Raúl se remanga los pantalones para no salpicarse.
Llega Gorvachov, y cuando está descendiendo de la escalerilla del avión, Fidel le dice a Raúl:
—Raúl, bájate los pantalones ...
Y Raúl bajito le pregunta:
—¿Tanto le debemos?

☺ ☺ ☺

LA SEMILLA
Dice Raúl en la despedida de duelo del Comandante en Jefe:
—Lo que enterramos hoy aquí es una semilla...
Se oye una voz que advierte alarmada entre la multitud:
—¡La madre al que la riegue...!

☺ ☺ ☺

FIDEL EN EL CÍRCULO INFANTIL
Fidel va a un círculo infantil y le dice a los niños:
—Ahora les voy a cantar una cancioncita. Y acto seguido se pone a cantar:
—Los pollitos dicen pío, pío, cuando tienen hambre, cuando tienen frío.
—Ahora canten ustedes una cancioncita para mí, compañeritos:
Los niños al unísono le responden:
—Sí, Fidel...
Y empiezan:
PÍO, PÍO, PÍO, PÍO, PÍO, PÍO...

☺ ☺ ☺

TRABAJAREMOS MÁS
Fidel está dando uno de sus discursos en la Plaza y dice:
—Y a partir de ahora hay que sacrificarse más...!
Se oye una voz entre la multitud:
—Trabajaremos el doble...
Sigue Fidel:
—Y hay que comprender que habrá menos alimentos...
—Trabajaremos el triple...
Algo molesto, Fidel contina:
—Y las dificultades crecerán.

Se vuelve a oír la misma voz en la multitud:
—Trabajaremos el cuádruple...
Fidel se vira para el jefe de la seguridad y le pregunta.
—Oye, ¿quién es ese idiota que va a trabajar tanto?.
El jefe de seguridad le responde:
—No se preocupe, Comandante, ese es el sepulturero...

☺ ☺ ☺

MONTAÑAS DE ARROZ
Fidel dice en un discurso:
—Compañeros, gracias a Dios este año tendremos montañas de arroz.
Raúl asombrado lo llama aparte y le amonesta:
—Fidel, pero si Dios no existe.
A lo que Fidel le contesta:
—No te preocupes, tampoco el arroz.

☺ ☺ ☺

DOS VIEJAS EN LA IGLESIA
Dos viejas amigas se van a la iglesia en La Habana.. Entran y se acercan al altar mayor.
Se arrodillan y después de persignarse, una de ellas suspira y dice:
—Santa María, Madre de Dios, que se mueran Fidel, Raúl...
La viejita que está al lado se da cuenta que hay un negro arrodillado detrás de ellas y le murmura a la viejita:
—Santa María, Madre de Dios, el negro que esta atrás, puede ser del G-2.
A lo que el negro contesta también rezando:
—Santa María, Madre de Dios, yo soy más gusano que ustedes dos..

☺ ☺ ☺

SE CAMBIA

En el *New York Times* aparece un anuncio en la sección de clasificados que dice:

—Se cambia blanco libre cubano, por negro esclavo americano.

☺ ☺ ☺

EN LA INMIGRACIÓN CUBANA

Llega un negro cubano a las oficinas de Inmigración en La Habana. Pide unas solicitudes las llena y las entrega.

La secretaria vestida de verde olivo le llama la atención aquel negro en las oficinas de Inmigración y entra a ver a su jefe y le dice:

—Compañero, ahí afuera hay un negro que ha llenado una solicitud de salida, esto tiene que ser un error de ese ciudadano...

El jefe después de oírla, decide salir y confrontar al negro:

—Ciudadano, Ud. está presentando para irse de Cuba...?

El negro le dice:

—Sí, señor oficial...

El militar lo mira de arriba a abajo y le dice con arrogancia:

—Tú sabes lo que le espera a los negros como tú, cuando llegan a USA?

—No, señor oficial, no sé...

—Pues que no vas a tener ni papel para limpiarte el trasero... A ver, qué harás entonces?

—Me lo limpio con una lasca de jamón, señor oficial...

El tipo se enfurece y le dice aún más despectivamente:

—Pues para que te enteres, te van a echar los perros. Dime, qué vas a hacer negro de mierda cuando te tiren los perros?

—Le subiré la ventanilla eléctirca al Cadillac y llamaré a la policía por mi celular, señor oficial...

☺ ☺ ☺

Se dice que Cuba es el país de las colas. También se dice que cuando un cubano ve una cola se mete en ella, aún no sabiendo lo que venden al principio de la fila.
Un domingo, un habanero iba por las calles de la Capital paseando sus zapatos rotos, cuando, de pronto, avistó una cola; ni corto ni perezoso se colocó al final, y preguntó:
—¿Qué venden aquí?
—No sabemos... algo será.
Después de cuatro cuadras de cola, por fin, llegó al principio.
—¿Qué venden aquí? —preguntó.
—Aceite de oliva recién llegado de España.
—Dame dos litros.
—¿Y las botellas para echártelos? -preguntó el vendedor.
—¿Tengo que traer las botellas?
—Claro, mi socio, yo lo que tengo es un barril de aceite, no tengo botellas.
Rumiando su desgracia, el habanero sigue paseando sus zapatos rotos, y a lo lejos ve otra cola. Se repite la misma laaaarga escena. Cuando llega a la cabeza de la cola, pregunta:
—¿Qué venden aquí?
—Arroz que llegó de China.
—Dame tres libras.
—¿Y los cartuchos para echártelas?
—¿Tengo que traer las bolsas para el arroz?
—Claro, mi sangre, yo lo que tengo es un saco de arroz, no tengo cartuchos.
Sigue el pobre cubano en su triste peregrinar. Ya sus zapatos rotos le dolían cuando avistó otra cola y rumiando ya no su desgracia, sino su mal humor se puso al final de ella. Después de tres cuadras de cola, llegó hasta el dependiente y preguntó:
—Oye, chico, ¿qué vendes aquí?
—Papel higiénico que vino de Polonia.
—Ajá,,, Ajá!... dame cuatro rollos, ¡que yo sí traje el culo!

☺ ☺ ☺

Un cubano quería escaparse de Cuba y se le ocurrió irse con el circo de Moscú, que visitaba La Habana.
Para realizar su plan se disfrazó de mono y se metió en la jaula de los animales.
Estaba ya por salir de la isla con el circo, cuando llega el domador y mete a los leones en la misma jaula del mono.
El tipo, aterrado, comenzó a gritar «¡AUXILIO, AUXILIO!» y a tratar de quitarse el disfraz de mono.
De pronto, uno de los leones le dice:
—¡Coño, cállate, que se nos jode la salida de Cuba a todos!

☺ ☺ ☺

Están Fidel Castro, Bush y la reina Isabel en el infierno. Bush decide realizar una llamada telefónica de 5 minutos a Estados Unidos, y el diablo le cobra 50 millones de dólares.
Luego la reina Isabel decide que ella también necesita llamar, y habla 10 minutos y el diablo le cobra 100 millones de dólares.
Luego Castro decide usar el teléfono y habla media hora, y al terminar el costo de la llamada es de 50 centavos.
Castro extrañado, le da la moneda al diablo y le pregunta: ¿Oye chico, porque a mí me cobras tan poco? y el diablo le responde: Es que de infierno a infierno se cobra tarifa de llamada local.

☺ ☺ ☺

En el aeropuerto de Sevilla (España). Dos personas charlan en un banco, uno de ellos es español y el otro cubano.
El español le pregunta al cubano: ¿Cómo os va por allí en Cuba?
Y el cubano le responde: No nos podemos quejar.
¿Entonces se vive bien? Dice el español.
Y el cubano le responde: No, es que no nos podemos quejar.

☺ ☺ ☺

Un doctor Cubano dice: «la Medicina en mi país es tan avanzada que podemos tomar el riñón de un hombre y transplantarlo a otro, y tenerlo buscando trabajo en seis semanas».
Un doctor Dominicano dice: «Eso no es nada, nosotros podemos tomar un pulmón de una persona y transplantarlo a otra, y la tenemos buscando trabajo en cuatro semanas».
Un doctor Mexicano dice: «En mi país la medicina es tan avanzada que podemos tomar la mitad del corazón de una persona transplantarlo a otra, y las tenemos a ambas buscando trabajo en dos semanas».
El doctor Venezolano, para no ser menos, dice: «Ustedes están muy atrasados. Nosotros acabamos de tomar a un hombre sin cerebro, lo pusimos en la Presidencia, y en menos de lo que canta un gallo, las tres cuartas partes del país esta buscando trabajo».

☺ ☺ ☺

Había una vez un borracho que venía caminando por el malecón de La Habana y se encuentra una boina verde.
El borracho dice: «Ehhhh, la boina de mi comandante» y cuando la recoge había una plasta de estiercol debajo y dice el borracho: «Ehhh y su cerebro también».

☺ ☺ ☺

Un periodista le pregunta a un cubano en la calle: ¿Usted se considera señor o compañero?
— Yo me considero señor. Compañero es aquel que va en el Mercedes Benz.

☺ ☺ ☺

Se despierta Fidel Castro después de una tremenda borrachera y llama a sus sirvientes, pero nadie aparece. Sale al balcón y no ve a nadie en las calles.
En eso suena el teléfono y Fidel contesta: «Aló».
— Hola Fidel, habla tu hermano Raúl.
—Hermano, pero dime, ¿qué pasa que no hay nadie por ningún lado?
— ¿No te acuerdas? Anoche estabas tan borracho que dijiste por televisión que todo el que quisiera irse de Cuba podía hacerlo.
—¿En serio Raúl? ¿Entonces estamos tú y yo solos en Cuba?
—No Fidel, te estoy hablando desde Miami.

☺   ☺   ☺

Fidel va a su astróloga y le pregunta: ¿Qué día moriré?
— Comandante, morirá un día de fiesta nacional.

☺   ☺   ☺

¿Por qué debían de haberle concedido el Premio Nobel de Química al Che Guevara?
Porque convirtió el peso cubano en mierda.

☺   ☺   ☺

PROPOSICIÓN INDECOROSA
Un turista de mediana edad, en su primera visita a Ámsterdam, encuentra la zona roja y entra en un gran burdel. La dueña lo invita a tomar asiento y le envía una muchacha joven para que lo entretenga. Se sientan, juguetean un ratito, se ríen un poquito, beben otro poquito y ella se sienta en el regazo del turista. Él le dice algo al oído y ella se sorprende y sale corriendo. La dueña, extrañada, le envía a una chica más experimentada.
Beben otro poquito y ella se sienta en el regazo del turista. Él le dice algo al oído y ella grita: «¡No!», y se va rápidamente.

La dueña está sorprendida: ¿Cómo es posible que este hombre del montón haya pedido algo tan extraño? ¿Cómo es posible que sus dos chicas no quieran nada con él?
Decide que sólo logrará algo la más experimentada: Lola.
Lola nunca ha dicho que no, y no hay nada (pero nada) que la sorprenda. Entonces la envía con el turista. Se sientan, juguetean un ratito, se ríen... Él le dice algo al oído y ella grita: «¡DE NINGUNA MANERA, AMIGO!!», le da una cachetada y se va.
La dueña está ahora intrigada, jamás ha visto algo similar en sus años administrando burdeles. Hace mucho que no hace el trabajo, pero está segura de que ha dicho «sí» a todo lo que un hombre puede pedir. Debe averiguar qué ha pedido este. Además, es una gran oportunidad para darles una lección a sus empleadas.
Se acerca y le dice al hombre que ella está disponible.
Se sienta, conversan, juguetean, ríen, beben, ella se sienta en el regazo de él. Él le susurra al oído:
—¿Puedo pagar en pesos cubanos?

En la carretera hacia la Habana, un conductor se encuentra con un tranque inmenso y al detenerse le pregunta al de al lado qué es lo que sucede y, éste le responde:
—Un grupo de «delincuentes» ha secuestrado al presidente Fidel castro y está solicitando 10 millones de dólares por su liberación y si esta petición no es cumplida en 2 horas, lo rociarán con combustible y les prenderán fuego. Estamos haciendo una colecta.
—¿Y cuánto han logrado reunir hasta ahora?
—Tenemos 88 galones de gasolina Premiun, 52 de gasolina regular, 35 de gasoil, 38 cajas de fósforos y 21 encendedores.

Un cubano le dice a otro:
—Oye, mi hermano, estoy harto de colas y colas..., cola pa' esto, cola pa'lotro. ¡Voy a matar a Fidel!
Al cabo de dos meses, regresa, y el amigo le pregunta:
—¿Qué pasó con lo de matar a Fidel?
—Nada chico, que pa' matar a Fidel... también hay que hacer cola!

☺   ☺   ☺

Una maestra cubana dice a los niños que hagan una composición con un tema de la revolución y, al terminar, manda a Pepito a que lea la suya:
—Yo tengo una gata que ayer tuvo cinco gaticos y todos los gaticos son revolucionarios.
La maestra, al ver que Pepito sabía que hasta los gaticos deben ser revolucionarios, propone al director de la escuela que llame al inspector para que oiga la composición. Pasados tres días, llega el inspector a la escuela y la maestra, muy diligente, pide a Pepito que lea su composición, y Pepito lee:
—Yo tengo una gata que hace cinco das tuvo cinco gaticos y tres son revolucionarios.
Al oir esto, la maestra reacciona rápidamente y le dice:
—Pepito, la primera vez que leí su composición dijo que todos los gaticos eran revolucionarios, ¿qué pasó?
Bueno maestra, es que dos... ya abrieron los ojos!

☺   ☺   ☺

Está Fidel Castro bañándose en la playa y, de pronto, comienza a ahogarse.
Tres niños que lo ven, van inmediatamente a darle ayuda y lo salvan de una muerte segura. Fidel, agradecido, les dice a los niños que pidan lo que deseen, que se los va a conceder.
Marinita pide una muñeca que camine y hable.

Raulito pide una bicicleta y el tercero se queda en silencio.
Fidel le pregunta a Pepito qué desea, y este le dice:
—Gracias Fidel, yo no quiero nada.
Como es de esperar, Fidel insiste en que no lo dejará ir si no pide algo. Entonces Pepito se decide y pide un ataúd.
Fidel, muy extrañado, le pregunta que para qué quiere un ataúd?
—Es que cuando mi papá se entere que le salvé la vida a usted, me va a matar.

☺   ☺   ☺

LETREROS EN EL PARQUE ZOOLÓGICO DE LA HABANA:
Antes de 1960:
    FAVOR DE NO DARLE COMIDA A LOS ANIMALES.
Entre 1960 y finales de 1989:
    FAVOR DE NO QUITARLE LA COMIDA A LOS ANIMALES.
Después de 1990:
    FAVOR DE NO COMERSE A LOS ANIMALES.

☺   ☺   ☺

El «wonder bra» es como la dictadura de Castro:
Levanta a los caídos.
Oprime a los de dentro.
Y engaña a los de fuera.

☺   ☺   ☺

¿En qué se parecen el Vaticano y la Reforma Agraria cubana?
En que, en cincuenta años, han producido cuatro papas.

☺   ☺   ☺

Se muere Celia Sánchez y en el cementerio, durante el entierro, Castro empieza a decir: Mi Celia, mi Celia...
Un chino que está cerca y lo oye, le dice:
Mi celia?... Micelia, hamble y dictadula.

☺   ☺   ☺

Un alemán, un francés, un inglés, y un cubano comentan sobre un cuadro de Adán y Eva en el Paraíso.
El Alemán dice:
—Miren que perfección de cuerpos: ella esbelta y espigada, él con ese cuerpo atlético, los músculos perfilados... Deben de ser alemanes.
Inmediatamente, el francés reaccionó:
—No lo creo... es claro el erotismo que se desprende de ambas figuras... ella tan femenina... él tan masculino... Saben que pronto llegará la tentación... deben ser franceses.
Moviendo negativamente la cabeza el inglés comenta:
—Para nada. Noten la serenidad de sus rostros, la delicadeza de la pose, la sobriedad del gesto. Solo pueden ser ingleses.
Después de unos segundos más de contemplación el cubano exclama:
— No estoy de acuerdo. Miren bien: no tienen ropa, no tienen zapatos, no tienen casa, solo tienen una jodida manzana para comer y esta prohibida, no protestan y todavía piensan que están en el Paraíso... ¡Esos jodidos solo pueden ser Cubanos!!!

☺   ☺   ☺

—Este 2002 podemos decir que con la revolución entramos en una etapa de fuerte consumismo...!
—¿De qué consumismo habla? Si no hay nada...
—Bien, usted verá como transcurre el año y usted seguirá con-su-mismo sueldo, con-su-mismo pantalón, con-su-mismo reloj...

☺ ☺ ☺

Un turista canadiense en La Habana, Cuba, entra en una tienda de música y pregunta al empleado:
—¿Tiene la canción MORIR DE AMOR por las Hermanas Fabrisa en 45 revoluciones?
A lo que el empleado responde:
—No, ese no lo tenemos, pero sí tenemos MORIR DE HAMBRE por los Hermanos Castro en una sola revolución.

☺ ☺ ☺

Pregunta un exiliado a un recién llegado
—Cómo le dicen al refrigerador en Cuba
—Al refrigerador le dicen Coco... porque nada más que tiene agua.

☺ ☺ ☺

Un exiliado le pregunta a un recién llegado al exilio.
A Fidel le dicen mango...
—¿Por qué?
Porque todo el mundo espera que se caiga.

☺ ☺ ☺

Estaba un tipo parado en el Malecón, hablando consigo mismo:
—Mierda de país, no hay comida; no hay ropa; no hay ná, coño; lo que dan ganas es de irse de aquí. Lo que debería es secarse el mar, coño, ¡SECARSE EL MAR!
Se acerca un miliciano por detrás y le pregunta:
—¿Y para qué quiere usted que se seque el mar, vamos a ver?
—Pues para sembrarlo de café, compañero, ¿para qué iba a ser?

☺ ☺ ☺

Cuando Fidel Castro nació le pregunta la madre al doctor: que tuve doctor? Mire señora vamos a tirarlo al aire, si vuela es murciélago si salta es sapo.

☺ ☺ ☺

Cuenta Bety, que en Sagua la Grande quemaron un auto policial y el policía, con fama de abusador, logra salvarse. Lo trasladan a Quemado de Güines donde sigue abusando. Un día pasa un camión y lo detiene. Le pregunta al camionero ¿qué mercancía transporta? El camionero responde:
—Gomas, compañero.
—A ver, entrégueme los papeles y abra la puerta para revisar esas gomas.
El policía abusador revisa el camión e inmediatamente se vira para el comionero y dice:
—¡Está detenido! Los papeles dicen que usted transporta neumáticos y lo que trae son gomas de carros.
Dicen las malas lenguas que en Quemado de Güines quieren quemar al policía castrista, no por abusador, sino por seboruco.

☺ ☺ ☺

CHISTES DEL EXILIO CUBANO

LA HISTORIA DE CUBA ESCRITA POR UN NIETO «BILINGÜE» DE CUBANOS EXILIADOS:

Cuba is an island descubierta por Columbus, quien vino con una niña pintada y una santa llamada María. El viaje se lo pagó con algunas jewels la reina de Spain, que era muy católica. En la isla los Spaniards aprendieron a hacer una beer que se llamaba Hatuey, en memory de un indio que prendía hogueras and hated the Spaniards, a pesar de que un good Spanish priest les construyó muchas casas. For many centurias, los Spaniards ocuparon la isla y la explotaron con tabaco, azúcar y pedacitos de café que llamaban cortaditos. Para que ayudaran a la explotacin del sugar, los Spaniards trajeron esclavos africanos, que eran muy musicales e inmediatamente inventaron la rumba, el Palo Monte y el mambo.

Los cubanos no querían a los Spaniards ni a sus explotaciones y comenzaron a planear rebeliones. Los cubanos en esa época se llamaban mambises because they had invented el mambo, y eran muy marcianos because seguían las ideas de José Martí, un great leader who wrote poems for children. En esa época the Cubans comenzaron por quemar un town llamado Bayamo y, por razones que no logré averiguar, esta vez los Spaniards no pudieron apagar el fuego.

Después de muchas luchas, los Americans decidieron intervenir y mandaron a La Habana un warship que se llamaba Maine. Los Spaniards, que eran muy explotadores, explotaron al Maine y los Americans les declararon la guerra. The Americans ganaron rápidamente una guerra que llamaron una «splendid little war» ocuparon the island y obligaron a los mambises, for misterious reasons, a comer un plato sureño que se llamaba la ensalada Platt, la cual provocó many protestas y discusiones...

The first President of the Republic llegó al poder por una estrada y se encaramó en una palma. Era an honest man, pero no muy tough, y cuando hubo otra rebelión se bajó de la palma y llamó a los Americans. After todas esas luchas Cuba se hizo free y comenzó a progresar. En 1934, los Americans y los Cubans se pusieron de acuerdo para abolir la ensalada Platt y dejar que cada cual comiera lo que quisiera. Los cubanos enseguida inventaron el chicharrón y el sandwich y se sintieron muy happy. Pero había muchos political problems, sobre todo with a tough president, manchado por la dictadura, y un sergeant llamado Batista, que quería ser general, y a quien un presidente casi santo, de apellido Martín, and another llamado Pio, and a very popular líder llamado Eddy, quien amaba las chivas because they were symbols de honestidad, no querían dejar que el sargento fuera general.

En 1952 Batista le dio un golpe al estado y Fidel Castro atacó a un tipo que se llamaba Moncada. Luego Fidel se fue a México and, according to my grandfather, se unió a un atorrante argentino, se armó con una sierra y se fue con una maestra a hacer guerrilla warfare. Muchos cubanos, y algunos mambises que todavía quedaban, helped him en la lucha, but many others, incluyendo a mi abuelo, no se dejaron engañar by the barbudo and from the very beginning supieron que Fidel era un comunista. Entonces Batista escaped to Spain, and Castro llegó al poder y dijo que era verdad que él era comunista, le quitó todo a todo el mundo, trajo Soviet missiles, e impuso en Cuba un real dictatorship. Many Cubans se escaparon para el Norte y fundaron la Florida y Miami. Otros se fueron a Puerto Rico y España. But many tuvieron que quedarse en la isla y los castigaron por quedarse. Hoy en día los cubanos están muy poor y quieren que Castro se vaya, pero el barbudo ha dicho que no deal y que se queda.

Todo esto ocurrió hace muchos años pero, como dice mi abuelo, el que no aprende lo que pasa before no puede saber lo que está pasando now.

En Cuba , el comisario local llama a un judío cubano que quiere emigrar a Israel, para hacerle algunas preguntas:
—¿Le hemos permitido el derecho a reunirse en la sinagoga?
—No puedo quejarme.
—¿Le hemos dejado vivir en paz con los otros judíos?

—No puedo quejarme.
—¿Le hemos permitido viajar libremente por el país?
—No puedo quejarme.
—¿Le hemos permitido el derecho a enseñar la Torá a sus hijos?
—No puedo quejarme.
—¿Le hemos permitido ejercer su profesión?
—No puedo quejarme.
—Entonces, ¿por qué quiere emigrar a Israel?

—ES QUE ALLÍ SÍ PUEDO QUEJARME…

☺ ☺ ☺

To: Latin employees
From: Human Resources Department
Subject: New policy using the Spanish language during working hours

Several visitors to our office have brought to our attention that our Spanish-speaking employees commonly use offensive language. Such behavior, in addition to violating firm practices, is highly unprofessional, offensive both to visitors and employees, and will not be tolerated. We have decided to implement a series of rules in our office and would expect they to be applied. It is expected that ALL employees immediately adhere to these rules:

1- Words like «coño», «carajo», and other such expressions will not be used for emphasis, no matter how heated the discussion may get.
2- Non important matters should not be addressed to as «pendejadas».
3- You will not say «la cagó» when someone makes a mistake, or «se cagó en su madre» if you see someone being reprimen-

ded. All forms and derivatives of the word «cagar» are inappropriate in our environment.

4 - Lack of determination will not be referred to as «falta de cojones» or «mariconerías», nor will a person with lack of initiative be referred to as «pendejo», «mamao» or «comemierda».

5- No Manager or Supervisor, under any circumstances, will be referred to as «hijo de las gran puta», «ese cabrón», or «ese maricón».

6- When a good proposal is presented, the term «esto está de pinga» must not be used.

7- Unusual or creative brainstorming meetings will not be referred to as «pajas mentales».

8- Do not say «como jode» if a person is persistent, or «se jodió» if somebody is going through a difficult situation.

Furthermore, you must not say «qué jodienda», or «esto está del carajo» when matters become complicated in your line of work.

9- When asking someone to leave you alone, you should not say «vete pa'l carajo», nor will you substitute «may I help you?» For «¿qué carajo quieres?».

10- When leaving the office, using the term «me voy pa'l carajo» is not proper.

11- When any office equipment fails, it must be reported as «it broke down», not «se descojonó», or «se jodió la mierda esta».

12- Last but not least, after reading this memo, please do not say «me voy a limpiar el culo con esto». Just keep it clean and file properly.

Thank you for your cooperation.

HUMAN RESOURCE DEPARTMENT

Antología de chistes y otras expresiones humorísticas cubanas

You know you're at a Cuban party in Miami when...

1. Some of the guest didn't bring a gift, but brought an extra uninvited family with five kids.
2. When the cake says «Happy Birthday Mi'jo» instead of the child's realname.
3. The party is at Chuck E. Cheese but they brought their own food, cake,and a pinata.
4. It's a child's party but there are more grown-ups than children.
5. It's «Mi'jo's» 1st Birthday and the party food is «carne asada, arroz confrijoles, puerco, and 10 cases of beer».
6. For entertainment, instead of playing pin the tail on the donkey, thereis usually a televised baseball, football game, or a live fight.
7. They don't sing Happy Birthday, instead everyone is salsa dancing.
8. The party was over at 5:00, it's 10:00 and the real party is just starting.
9. You find out from «Abuela» that «Abuelo» is taking viagra andchismiando» about everyone else at the party.
10. The host calls someone who's on their way and tells them to stop and getsome ice and more beer.
11. The guests start arriving and the hostess disappears to get ready.
12. You hear someone go up to the birthday child and say «Mira, I'm going tohave to get you something next week when I get paid».
13. The party is Saturday, and you get a call from the hostess Friday night saying, «I'm giving Mi'jo a birthday party tomorrow at 3:00. Will you beable to make it?»
14. Some guests bring gifts that are still in the store bag unwrapped.
15. There always seems to be more family than friends at the party.
16. You have the party over at your brother's because he just bought a newhouse and he has a pool.
17. The cake didn't come from the store; it came from the mother of the «comadre» of your friend's sister who makes really good cakes.
18. You are told you have to save your plate and fork you ate your foodwith, so you can eat your cake.

19. Someone calls and says they can't make it, but asks that you save them some cake.
20. Guests are wrapping up cake to take to «Madre, Tio, Abuela, Hermana, y Junior».
21. You have a DJ for your child's birthday party.
22. The birthday child is dressed from head to toe in fake Tommy from theflea market.
23. It's «Mi'jo's» party but since his cousin Vanessa is there and her-birthday is in a few days, it becomes Mijo's and Vanessa's Party.

☺ ☺ ☺

CUBANO EN LA FACTORIA
Le dice el Cubano a su mujer.
—Vieja, ahora si que estamos hechos, incluso voy a pedir un aumento de sueldo.
—¿Y qué fue lo que te pasó? —Le dice la mujer.
—Imaginate que el Jefe me dijo que yo era la Candela.
—¡Aha! Y te lo dijo en español.
—No vieja en Ingles. Me dijo:
    YOU ARE FIRED!

☺ ☺ ☺

—Pepito, traduce al inglés: «El gato cayó al agua y se ahogó».
—Fácil: the cat cataplum in the water gluglu no more miau miau.

☺ ☺ ☺

—Dime Pepito, ¿De qué país son Los Mayas?
—De mayami profesora.

☺ ☺ ☺

—Pepito, ¿crees que la tecnología reemplazará algún día al papel?
—No lo creo profesora, ¡no me veo en el baño limpiándome con un BlackBerry.

☺ ☺ ☺

Yurislaidy y Esperancita son dos cubanitas llegadas por el Mariel, desesperadas por hacer contactos y relaciones sociales. Una le dice a la otra:
—Esperancita me invitaron a un Picnic.
—Y ¿qué es eso?
—No lo sé pero, por si acaso, me lavé bien el fuifo.

☺ ☺ ☺

Dos balseritas se están comiendo un cable. Viven con una mano delante y la otra detrás. Una de ellas se muda a New York. Al poco tiempo regresa con auto, piel, anillo de brillante y otras prendas.
—Mi niña, ¿te sacaste la lotería?
—No mi amiga, solo me quité la mano de alante.

☺ ☺ ☺

THE «CUBAN—ENGLISH DICTIONARY»

FUNNY TRANSLATIONS[20]:

—Vicvaporru	Vicks VaporRub
—Bosguagon	the Volkswagen Beetle
—marque	supermarket
—groceri	grocery store or supermarket
—Guendis	Wendy's fast-food restaurant
—Berguerquin	Burger King
—Equer dro	Eckerd Drugs
—Macdonal	McDonald's
—Disne Wol	Disney World
—Pisa Ho	Pizza Hut
—Sebenileben	Eleven convenience store
—guarejaus	warehouse
—pisicorre	station wagon
—paraguero	inept motorist
—saguecera	Miami's southwest residential areas
—jandicap	a parking space reserved for the handicapped
—tique	ticket
—tonpai	turnpike
—transporteicho	barely adequate automobile
—LaVaquita	the closest Farm Stores to your house
—dauntaun	urban downtown area
—llumpee cable	Jumper cables
—yin	a pair of jeans
—blumer	women's underwear; panties
—pantijó	panty hose
—tenis	athletic shoes; sneakers

---

[20] Copiados del internet donde aparecen como anónimos.

—chor	pair of shorts
—yaqui	a jacket or windbreaker
—Guachinton	Washington
—Mallamibish	Miami Beach
—printear	to print; use of a computer printer
—faxear	to fax
—taipear	to type
—incontas	Income Tax
—bisne	a business or business endeavor
—escochteip	Scotch Tape
—liqueo	a leak
—efichiensi	efficiency housing
—Fa	Fab laundry =A0detergent
—lonchando	having lunch
—pitipua	green peas
—jambergue	a hamburger
—beico	bacon
—shicle	chewing gum
—cuqui	a cookie
—jotdo	a frankfurter
—sanguishe	sandwich
—estop	stop sign
—senkiu	thank you
—guau	wow
—un cho .	to make a scene in public
—japiverdei	a birthday
—embarkatio	failure to adhere to a previous commitment or agreement
—flonquear	to fail an examination or course

TRADUCCIONES IMPOSIBLES

Traducción del inglés al español y luego en inglés, lo que realmente están diciendo.

TRANSLATIONS: ENGLISH TO SPANISH AND THEN TO WHAT THEY ARE REALLY SAYING IN SPANISH:

He's got a crush	Él tiene un coco	He's got a coconut
He's confused	Tiene cables cruzados	His cables are crossed
That rocks!	Botó la casa por la ventana	He threw the house out the window
He's a pretty boy	Es un postalita	He's a postcard
It's a big problem	Eso no lo brinca un chivo	Not even a goat can jump it
He takes good care of himself	Se da lija	He sandpapers himself
He died	Cantó el manicero	He sang the peanut vendor
She's cute	Ella es mona	She's a monkey
He's a good guy	Es un pedazo de pan	He's a piece of bread
He plays dumb	Se hace la mosquita muerta	He plays the dead fly
He's trouble	Es la pata del diablo	He's the leg of the devil
Come in and have a seat	Entre y tome una silla	Come and drink a chair
Just in case	Por si las moscas	For if the flies
I overdid it	Se me fue la mano	My hand left me
I'm going to slap you	Te voy a entrar a galleta limpia	I'm gonna enter you to clean crackers
He's spreading a rumor	Está corriendo la bola	He's running the ball

Juventud perdida. Caricatura de Silvio Fontanillas.

Cada cual con su receta,
por querer adelgazar,
todos quieren practicar
eso que llamamos «dieta».
Si una dama regordeta
con una foto se sale
y en otro tiempo la instale,
por esa imagen de ayer,
una frase ha de entender:
«De chiquita, no se vale».

YOU KNOW YOUR CUBAN IF...

1) IF for a BBQ at the park or beach, you bring tamales, gigantic ollas of Congri, Yuca y Carne de Puerco (don't forget el mojo!)
2) IF to the above outing you bring la cafetera o el thermos with coffee.
3) IF you wear a Guayabera with shorts, nylon socks and dress shoes or strappy sandals.
4) IF at least 3 men in your familia are named Pepe and you have tias named Fefa, Cuquita or Juana 5) IF los viejos in your family play dominoes, fuman tabaco and talk about how good Cuba was before Castro .
6) IF at every cumpleaños or bautizo there is an assortment of pastelitos de carne, guayaba, croqueticas and bocaditos, and they are placed on the table next to el cake, so they come out en la foto to your primos en Cuba .
7) IF when your Mami gets pissed she yells, «Me cago en la madre que los parió» (don't forget la chancleta!).
8) IF to describe a place that was far away you say it as «en casa del carajo».
9) IF you don't pronounce your R's— as in parque, carne, etc. but like to criticar the way other hispanics talk.
10) IF you say «No jodas, Chico» o «Le ronca el mango», to express dismay .
11) IF the top 3 TV shows are Christina, Sabado Gigante and Walter Mercado and you watch todas las novelas .
12) IF you come out from la casa de tu mama, tia or abuela smelling like sazon, bistec empanizado, or platanitos maduros fritos (or any fried food for that matter!).
13) IF you always have Guayaba con Queso in your house and eat it as a dessert .
14) IF you live in NY but your parents cross el puente «Tapanes Si» (Tappan Zee) to go to «Bergenline» in «Nu Jersi» to go to la bodega and buy la carne.

15) IF you go to la cafeteria y te comes una media noche, una frita and you drink un batido de mamey (no wonder Cuban women have big asses!).
16) IF you eat Arroz con Picadillo at least once a week.
17) IF you made the rice in the rice cooker you have sitting on your kitchen counter.
18) IF you go to Miami or Hialeah to visit your family every July, or to Union City to visit your family if you're in Florida.
19) IF Santa Barbara, San Lazaro or La Virgen de la Caridad are part of our living room decor, your patio or in front of the house AND your American friends think the caramelos, apples and bananas are snacks.
20) IF there is a BIG picture of your sister's 15th along with everybody's foto de boda or communion en la sala .
21) IF your suegra still treats your marido o novio like their little baby boy (even though he is a 55+ year old manganzon) .
22) IF in every bathroom there is a latica or little bucket under the sink... (chicas we know this one!)
23) IF every New Year's you wait till midnight to eat las 12 uvas.
24) IF your baby smells like violetas, and wears a «Dios me Bendiga» pin with an Azabache, or a cadena with medallas of all the saints .
25) IF you put a mosquitero around your baby's cuna, even though there are NO mosquitos in your house .
26) IF when you have a dolor de barriga, your abuela makes you pure de Malangas or gives you Tilo or Manzanilla for all ailments .
27) IF you grew up thinking that if you went swimming or took a shower after una jartera you would get an «embolia» and die.

TOP 10 REASONS WE KNOW THE HIGHJACKERS WERE NOT CUBANS

>10. 8:45am is too way too early for Cubans

>9. Cubans are always late, they would've missed all 4 flights.

>8. Hot girls on the planes would distract them.

>7. Once in the air, they would argue and talk loud

>6. Free food and drinks on the plane

>5. The suspected car found outside of Boston Airport would be a Chevrolet with chrome wheels not a Ford.

>4. They would start fighting with each other to decide who would fly the plane.

>3. Everyone wanting to be the boss would start a big fight on the plane.

>2. Their mothers would have told them to be home for dinner at 6PM.

>1. They would have told everyone months before they were going to do it.

CIRCUNCISO

Llega un cubano al bar y dice:
«Tragos pa'to' el mundo, yo pago, que mi mujer me ha dado un varón de 25 libras».
«¡Coñooooooo!» exclaman todos en el bar dándole la mano y deseándole muchas felicidades; un abrazo para él, tragos pa'ca, tragos pa'lla... en fin...
Dos semanas después, el mismo cubanazo regresa al bar. El dueño del establecimiento le pregunta:
—«¿Usted no es el padre de ese cubanito que pesaba 25 libras? Oiga, ¿cuánto pesa ahora?
El orgulloso padre le contesta:
—«Pues 17 libras».
El del bar, un poco perplejo le dice:
—«¿Qué pasó?, ¿el nene no pesó 25 libras al nacer?»
El cubano, muy orgulloso, se echa un fuerte trago, sonríe y le dice:
—«¡Es que ya le hicimos la circuncisión!»

TRES NEGRAS CUBANAS

Tres negras Cubanas están el aeropuerto y mientras esperan para tomar un avión conversan entre ellas. La primera negra dice: Yo no se ustedes, pero yo me voy a poner una tanguita color rosa antes de montarme en ese avión.
Y pa qué...? le preguntaron las otras dos.
Poque si el avión se cae y caigo con el culo pa rriba, la tanguita color rosa se va a ver desde lejos y será más fácil rescatarme.
La segunda negra dice: Pues yo me voy a poner una tanga anaranjada y fluorescente.
¿Y por qué de ese color? preguntaron las otras dos.
Poque si caigo al agua con el culo parriba, ese color sinifica «rescate».

La tercera negra dice: Pues yo, no me voy a poner naaa.
¿Cómo dices? preguntaron las otras.
Que yo voy sin panties, sin blúmers, a culo pelao, como lo oyeron, poque cuando se cae un avión, lo primero que buscan es la cajeta negra.

☺   ☺   ☺

CAFÉ CUBANO
Un cubano se acerca a una cafetería en busca de su acostumbrado cafecito en la tarde, y cuando pronunció: «Un café cubano, por favor». La muchacha del otro lado del mostrador, le dijo:—«Mire, señor, eso va a ser muy difícil. La cafetera es italiana, el café es colombiano, y yo, que lo voy a hacer, soy nicaragüense».

☺   ☺   ☺

A LOS CUBANOS NO HAY QUIEN LES GANE
Cuatro jóvenes de distintas nacionalidades recién graduados de 4 importantes centros de tecnología en el mundo (MIT, Harvard, Sorbona y Universidad de Oriente en Cuba) solicitan empleo en una gigantesca empresa multinacional ubicada en Brasil. Al cabo de unos días los llaman para hacer una entrevista con el Director General. Al llegar el Director les indica que debern responder a una única pregunta, y que dependiendo de la respuesta, podrán clasificar como candidatos.
En la entrevista el Director les pregunta: —Cuál es la cosa más rápida del mundo?

El graduado de MIT contesta: —El pensamiento.
Y le pregunta el Director: — ¿Por qué?
— Porque un pensamiento ocurre casi instantáneamente. El Director le indica que le encanta y cree que es una excelente respuesta.

Pasa entonces al graduado de Harvard que contesta:
— Un parpadeo de ojos...
—Explíquese —pide el Director.
—Porque es tan rápido, que a veces ni sentimos cuando lo hacemos. El Director se queda encantado.

Aquí viene el graduado de Sorbona:
—Señor Director, mi respuesta es la electricidad
—¿Puede decirme por qué piensa eso?
A lo cual el de Sorbona le responde:
—Llegamos al interruptor de la luz y podemos con un ligero movimiento prender una luz que está a 5 kilómetros de distancia.
—Excelente —responde el Director.

Le toca al cubano de la Universidad de Oriente:
—Señor Director... la diarrea.
El Director anonadado le espeta:
—Usted está jugando, ¡qué dice!
El cubano le contesta:
—Anoche tuve una diarrea tan fuerte que antes de poder pensar o parpadear y sin darme tiempo de encender la luz, ya me haba cagado».
—El empleo es suyo...

REFRANES ACTUALIZADOS

El que madruga...
    encuentra todo cerrado.

Dime con quien andas...
    y si está buena, me la mandas.

Ojos que no ven...
    zapatos cagados.

Siembra un árbol...
    haz feliz a un perro.

Agua que no has de beber...
    dásela al que tiene sed.

Bariguita llena...
    segurito para en el baño.

Cuando el río suena...
    salte del medio.

Amor de lejos...
    felices los cuatro.

Caballo regalado...
    tiene que ser robado.

Hazlo bien...
    sin mirar con quién.

Aquellos que creen que lo saben todo...
    nos fastidian a los que realmente lo sabemos.

Está científicamente comprobado que lo único que detiene la caída de pelo...
    es el piso».

El problema no es que nos mientan...
    el problema es que les creamos.

Detrás de todo hombre que triunfa...
   hay una mujer sorprendida.

Cuando un millonario pasa a mejor vida...
   sus herederos también.

El amor es ciego...
   solo el matrimonio puede devolverle la vista.

El trabajo en equipo es esencial...
   te permite echarle la culpa a otro.

   Ya se acabó la alpargata
   el chicharrón de tripita
   el bollito de carita
   y el gallego y la mulata.
   Se acabaron las bachatas
   y las broncas de solar
   la trompetilla genial
   que tanta risa nos dio
   pues todo el que la tiró
   jamás la podrá olvidar.
   Se acabó lo que se daba
   el chinito manisero
   el pregón del escobero
   el salfumán, la creolina
   la radio bemba en la esquina
   y en eso, llegó el lechero.
   Se acabó Juan Charrasqueado
   el «gentleman» de París
   La Marquesa, tan feliz
   el bodeguero y el «fiao»,

hoy no, mañana sí.
Aquí estamos, enredados,
con todo este bilingüismo
Se perdió el familiarismo
del dicharacho de ayer
y aunque lo escriba en papel,
barín, no suena lo mismo.
El «jambergue» y el «jot dog»
y el «guasimara guis yu»
fue un cambalache tan fu
que la lengua nos ripió.
La juventud se perdió
y el viejo no se aclimata
El Spanglish lo arrebata
pues no lo logra entender
por eso quiere volver
!al tiempo de la alpargata!

Somos la candela, los que inventamos el mantecado.
Nosotros no nos morimos, nosotros «cantamos el manisero».
Somos «el pueblo elegido», por nosotros mismos.
No venimos de una islita sino de la Perla de las Antillas.
Sabemos por donde le entra el agua al coco
Tenemos las respuestas antes que nos hagan las preguntas.
Nosotros no nos enteramos, nosotros «!sabemos eso desde hace un siglo!».
Nosotros no somos flacos, somos «un fideo»
No somos gordos «parecemos un elefante».
Nosotros no cerramos una puerta, nosotros la «trancamos»...
Nosotros no solamente bailamos sino que después «nadie nos puede quitar lobailao!»

Nosotros llegamos como refugiados y terminamos comprando el Refugio!
A nosotros no se nos muere una cantante sino que fallece una reina!
Nosotros no nacemos en un pueblo, sino en el mejor pueblo que tenia Cuba.
Nosotros odiamos el chisme, simplemente nos entretiene.
Nosotros todos somos profetas, adivinos, sabios.
No existe un solo hecho, ni una sola noticia, que nos coja de sorpresa.
Ya nosotros hemos celebrado mil veces la «muerte y la caida de Castro» en más de 50 años.
Nosotros no dormimos como todo el mundo, nosotros «dormimos como un lirón».
No comemos como todo el mundo sino «como un animal».
Nosotros no nos quedamos dormidos sino que «soñamos despiertos».
Nosotros consideramos que todos los gobernantes del mundo, los managers de baseball, los líderes militares del Pentágono, el Director de la «CIA.», los ejecutivos de la NASA, deben llamarnos diariamente para indicarles los pasos a seguir.
Nosotros no vamos al Paraíso, nosotros vivimos en el Paraíso y lo perdimos.
Nosotros no necesitamos Universidades para ser médicos y abogados, ni libros de historia para saber perfectamente «lo que pasa».
A nosotros nadie «nos coge de bobos», ni «nos da gato por liebre»,
Nosotros «nos escapamos de Tamakún por debajo del turbante».
Y con nosotros nadie discute ni discrepa porque siempre tú estas ¡total y absolutamente equivocao!
¿Vaya a santo de qué?. Somos más «papistas» que el Papa, somos más protestantes que Lutero, más americanistas que los americanos. Somos internacionalistas, más «antisandinistas» que los nicaragüenses, más «anti Hugo Chavez y Maduro» que los venezolanos.
Para nosotros «qué hubo?» no es una pregunta sino un saludo, porque nosotros perfectamente sabemos siempre «lo que hubo y lo que va haber».

No necesitamos apellidos para brillar en el firmamento: Celia, Olga, Gloria, Machito, Cachao, Andy, Damaso, Benny. Y los que necesitan apellidos es porque no necesitan nombres: Canseco, Palmeiro, Tamargo, Montaner, Miñoso, Lecuona. Y a veces ni nombres ni apellidos: Chicharito, Trespatines, Gavilán, Chocolate, Sopeira, el Chino Wong, Mamacusa alambrito (la del alma grande y el cuerpo chiquito).

Nosotros podemos dar una disculpa bilingüe: «I'm sorry CON excuse me».

Podemos mejorar la comida ajena: la paella, el arroz frito, los espaguetis. Y no hay gallego que pueda cocinar un caldo gallego como lo hacen los criollos.

Podemos llamarle al Presidente de los Estados Unidos «Jorgito», y a su padre «los Buches»

Nosotros no formamos un enredo, formamos «un arroz con mango».

Podemos «hasta mejorar» la obra de Dios: «Al tipo ese le falta un tornillo en el cerebro».

Y de la mujer que esta buenísima decimos : «Pa'mi que a Dios se le fue un poquito la mano haciéndola».

ENCUENTRO: EN LA PUERTA DEL REFUGIO

    Yo te lo advertí con tiempo
    y no me quisiste creer
    y ayer te vi en el refugio
    hablando mal de Fidel.
    ¡Qué cosas tiene la vida
    cómo hay que vivir por ver!

    Cuando aquello, Cuba estaba
    vestida de veintiséis
    con carteles roji-negros

que decían: ¡GRACIAS FIDEL!

Y aunque ya en los paredones
Caín fusilaba a Abel
y tras cada escapulario
se ocultaba un Lucifer
a ti no había quién te hablara
ni media palabra mal de él.

¡Y estabas como una novia
de estreno en luna de miel!
Quién te iba a decir entonces
que tan pronto te iba a ver
en la puerta del refugio
y hablando mal de Fidel.

¿Te acuerdas?, eran los días
de «Cuba Sí, Yankees No»
los meses del «humanismo»
cuando Fidel era un Dios.

Cuando olvidaste al amigo
que temprano se asiló,
y como Pedro negaste
a todo el que te ayudó.

Cuando solo comentabas
cínicamente: Quedó.
Cada vez que te enterabas
de alguna confiscación.

O de alguien quien perdía
Su vida en el paredón.

Y nada te preocupabas
porque para ti Fidel era un Dios.

Que en enero del sesenta
qué iba a imaginarme yo.
Te iba a ver en el refugio
ahora en el sesenta y dos
diciendo que Fidel Castro
es un hijo de... Kruschev.

La última vez que nos vimos
en La Habana, me dio furia
fue en el día que me dijo:
Si Fidel es comunista,
bienvenido el comunismo,
que me pongan en la lista.

Ya entonces solo usabas rojo y negro
Y gritabas «paredón».
Andabas siempre en carro
con tu traje miliciano.

Y la tarde en que supiste
que había llegado mi «visa»
me dijiste hasta «gusano»
y «esclavo monopolista».
¡Y hoy no salgo de mi asco!
Tú, en la tierra imperialista,
El tremendo fidelista
gestionando en el refugio
el cheque capitalista.

¡Caray que no somos nada!

☺ ☺ ☺

PREGUNTAS SOBRE CUBA QUE EL EXILIADO SE HACE...

P.- ¿Cuantas clases sociales hay en Cuba?
R.- Los fulanos (tienen fula$).
   Los ciclanos (tiene bicicletas) y
   Los esperancejos (los que tienen esperanza que se caiga el gobierno)
P.- ¿Cuantas categorías de personas hay en Cuba?
R.- Tres: Los dirigentes, los diplogentes y los indigentes (la mayoría.)
P.- ¿Cual ha sido el mayor logro religioso que ha conseguido la Revolución que ni la iglesia lo ha logrado?
R.- El arrepentimiento del pueblo... por haberlo apoyado cuando tomó el poder.
P.- ¿Como maullan los gatos en Cuba?
R.- Miaaami... Miaaami... Miaaami...
P.- ¿Como se hace un Raúl?
R.- Coges un uniforme verde olivo y lo empiezas a llenar de mierda; pero es importante que utilices una medida exacta, porque si te pasas, te puede salir un Fidel.
P.- ¿Cual es la diferencia entre capitalismo y comunismo?
R.- El capitalismo es la explotación del hombre por el hombre (dicen los comunistas), y el comunismo es la explotación del hombre por el hambre.
P.- ¿Que ocurriría si Fidel conquistara el Sahara?
R.- Los primeros 5 años, nada... Después lo dejaría sin arena.

Cuando el cubano llegó al exilio se encontró con que en los supermercados vendían unos platanitos grandes y que todos llevaban una etiqueta con la marca de la Compañía: Chiquita Banana.

Pues bien un cubano fue al cine y se le sentó al lado una mujer. Ella comenzó a tocarle el muslo. Después fue hasta la portañuela y se la abrió y empezó a tocarle el pene. Entonces el sintió algo que no sabía lo que era, una sensación rara y de pronto la mujer se marchó.

El cubano se sintió intrigado y cuando fue al baño se encontró que en el pene le habían pegado la etiqueta del plátano: Chiquita Banana.

☺ ☺ ☺

DIARIO DE UN EXILIADO CUBANO

Agosto 12
Hoy me mudé a mi nueva casa en el estado de Pennsylvania. ¡Que paz! Todo es tan bonito aquí. Las montañas son tan majestuosas. Casi que no puedo esperar para verlas cubiertas de nieve. Que bueno haber dejado atrás el calor, la humedad, el tráfico, los huracanes y el cubaneo de Miami. Esto sí es vida.

Octubre 14
Pennsylvania es el lugar más bonito que he visto en mi vida. Las hojas han pasado por todos los tonos de color entre rojo y naranja. Que bueno tener las cuatro estaciones. Salí a pasear por los bosques y por primera vez vi un ciervo. Son tan ágiles, tan elegantes, es uno de los animales mas vistosos que jamas he visto. Esto tiene que ser el paraíso. Espero que nieva pronto. Esto si es vida.

Noviembre 11
Pronto comenzará la temporada de caza de ciervos. No me puedo imaginar a nadie que quiera matar una de esas criaturas de Dios. Ya llegó el invierno. Espero ver y sentir la nieve pronto. Esto si es vida.

Diciembre 2
Anoche nevó. Me desperté y encontré todo cubierto de una capa blanca. Parece una postal... una película. Salí a quitar la nieve de los esca-

lones y a dar pala en la entrada. Me restregué en ella y luego tuve una pelea de bolas de nieve con los vecinos (yo gané) y cuando la quitanieves pasó, tuve que volver a dar pala. ¡Qué bonita nieve! Parecen motitas de algodón esparcidas por todos lados. ¡Que lugar tan bonito! Pennsylvania sí que es vida.
Anoche volvió a nevar. Me encanta. La quitanieves me volvió a ensuciar la entrada, pero bueno... que le vamos a hacer, de todas maneras, esto sí es vida.

Diciembre 19
Anoche nevó otra vez. No pude limpiar la entrada por completo porque antes que acabara, ya había pasado la quitanieves, y nevó de nuevo, así que hoy no pude ir al trabajo. Estoy un poco cansado de dar pala en esa nieve. ¡Cabrona quitanieves! ¡Qué vida!

Diciembre 22
Anoche volvió a caer nieve, o mejor dicho... mierda blanca. Tengo las manos hechas mierda y llenas de callos de la pala. Creo que la quitanieves me vigila desde la esquina y espera a que acabe con la pala para pasar. ¡Puta madre que la parió!

Diciembre 25
Felices Navidades blancas, pero blancas de verdad, porque están llenas de mierda blanca. ¡Coño!... ¡Carajo! Si cojo al hijo de la gran puta que maneja la quitanieves, te juro que lo mato. ¿No entiendo por qué no usan más sal en las calles para que se derrita más rápido, este cabrón hielo de mierda?

Diciembre 27
Anoche todavía cayó más mierda blanca de esa. Ya llevo tres días encerrado. Salgo nada más cuando tengo que dar pala en la nieve después de que pasa la quitanieves. No puedo ir a ningún lugar. El carro está enterrado bajo una montaña de nieve negra. El noticiero dice

que esta noche van a caer 10 pulgadas más de nieve. No me lo puedo creer.

Diciembre 28
El comemierda del noticiero se equivocó otra vez. No cayeron 10 pulgadas de nieve... cayeron ¡34 pulgadas más de esa mierda!... ¡Me cago en su madre! Como sigamos así, la nieve no se derretirá ni para el verano. Ahora resulta que la quitanieves se rompió cerca de aquí y el hijo de puta del chofer vino a pedirme una pala. ¡Qué descarado! Le dije que se me habían roto 6 palas limpiando la mierda que él me había estado dejando a diario. Así que le rompí la pala en la cabeza. Se lo merecía. ¡Comemierda!

Enero 4
Al fin hoy pude salir de la casa. Fui a buscar comida y un ciervo de mierda se metió delante del carro y lo maté.¡Carajo! El arreglo del carro me va a salir como en tres mil dólares. Estos animales de mierda debían ser envenenados. Ojalá los cazadores hubieran acabado con ellos el año pasado. La temporada de caza debería durar el año entero.

Marzo 15
Me resbale en el hielo que todavía hay en esta puta ciudad y me partí una pierna. Anoche soñé que sembraba una palma real.

Mayo 3
Cuando me quitaron el yeso, lleve el carro al mecánico. Me dijo que estaba todo oxidado por debajo por culpa de la sal de mierda que echaron en la calle. ¿A quién coño se le ocurre? ¿Es que no hay otra forma de derretir el hielo?

Mayo 10
Me mudé otra vez para Miami. ¡Esto sí es vida! ¡Qué delicia! Calor, humedad, tráfico, huracanes y cubaneo. La verdad es que cualquiera que se le ocurra vivir en ese Pennsylvania de mierda tan solitario y frío

es un comemierda y tiene que estar, no solo cagalitroso, sino loco para el carajo. ¡Esto sí es vida!

☺ ☺ ☺

CUBANO EN EL AEROPUERTO

Un cubano iba por primera vez a viajar en avión, cuando algo en el aeropuerto de Miami le llamó la atención. Era una computadora de última generación que automáticamente identificaba a los pasajeros y mediante voz les decía quienes eran y qué número de vuelo estaban por abordar. Cuando el cubiche pasa por la computadora, la misma, con acento cubano, dice:

«Nelson, 58 años, cubano, casado, pasajero del vuelo 1455 de American Airlines».

Impresionado, Nelson no lo podía creer. Incrédulo al fin, fue al baño, se afeita el bigote, se cambia de camisa y pasa nuevamente por la computadora. Inmediatamente la computadora le dice:

«Nelson, 58 años, cubano, casado, pasajero del vuelo 1455 de American Airlines».

Como típico cubano, Nelson no se da por vencido y vuelve al baño, se maquilla, se pone una peluca rubia, y un vestido de mujer y vuelve a pasar por la computadora. Al instante, esta dice:

«Nelson, 58 años, cubano, casado... que por hacerse el marica y estar comiendo mierda... acaba de perder el vuelo 1455 de American Airlines que salio hace 20 minutos».

☺ ☺ ☺

Pepito llega exiliado a España sin un centavo. Se pone a fregar platos y levanta cinco mil pesetas. Un gitano lo ve y decide cogerle las pesetas y le dice: Pepito, te doy 25,000 pesetas contra tus cinco mil sí

haces reír a mi burro. Pepito se lleva al burro a un rincón le habla en el oído. Y el burro se echa a reír a carcajadas. El gitano le dice a Pepito. Mira te doy cien mil pesetas por las tuyas si lo haces llorar. Pepito lleva al burro para una esquina y éste le habla al oído. El burro comienza a llorar a mares. El gitano le paga a Pepito y le pregunta:
—Pepito ¿cómo hiciste reír al burro?
—Le dije que la tenía más grande que él.
—¿Y cómo lo hiciste llorar?
—Se la enseñé.[21]

QUIÉN NO RECUERDA EN EL EXILIO[22]

- Cuando teníamos que salir del cine con un pañuelo en la boca para no coger el sereno.
- Cuando la mamás le daban leche condensada con malta para engordar a sus niñitos.
- Los cuellos virados eran porque a esas personas les había dado «un aire»
- Ya a los niños no les meten miedo con los fantasmas y los güijes.
- Y aquel consejo de no bañarse en la ducha y peor en el mar, hasta después de tres horas de comer y hacer la digestión. Y que ni se les ocurriera hacer el sexo pues morían, encueritos, en la cama.
- Tomar cerveza con plátano era veneno. ¡Muerte segura!
- El refresco Materva daba impotencia.
- Ya nadie usa azabaches. Parece que en el mundo actual no hay maldiciones.
- Y se acabó aquello del «mal de ojo».

---

[21] Este chiste no es cubano y también es viejísimo. Pero es un buen chiste y se dice en el exilio cubano.

[22] Algunos de estos recuerdos se tomaron de artículos de Esteban Fernández en la revista IDEAL.

- ¿Dónde se esconderían las herraduras que muchos ponían detrá de la puerta de las casas? Y las
- En el exilio se perdió el recuerdo de San Isidro el Labrador: «quita el agua y trae el sol».
- Y al gato negro que pasaba delante de nosotros en señal de mala suerte, se le perdió el respeto en el exilio. También a pasar por debajo de una escalera.
- Nadie se acuerda de Clavelito, el famoso comentarista que le pedía a su audiencia que pusieran un vaso de agua sobre la radio, mientras decía «pon tu pensamiento en mí y verás que en ese momento mi fuerza de pensamiento ejercerá sobre ti»[23].
- Y todo el mundo se cuidaba del orine de las ranas que daban ceguera instantánea.
- No se usa ya el Mentholatum en el pecho para quitar el «jipío».
- Ni el Vic Vaporrou para curar las tupiciones.
- Y de casualidad no mueren todos los niños cubanos con fiebre cuando los metían bajo frazadas para curarlos. ¿Quién les dijo a las mamás que el calor calmaba la fiebre?
- Se acuerdan de cuando no tomaban pastillas.
- Y solo tenías que ir a un médico que sabía de todo y curaba desde la cabeza a los pies.
- En Cuba no había celulares pero nos veíamos en los parques.
- «Los tres Villalobos» reinaban en la radio: Rodolfo, Miguelón y Machito.

☺ ☺ ☺

Anonadado = culo mojado (ano=culo / nadado-nadando)[24]

☺ ☺ ☺

---

[23] Una variante popular muy repetida de la frase es: Pon tu pensamiento en mí y verás como te curo, métete el dedo en el culo y después en la nariz.

[24] De la novela «Herejes» (Tusquets Editores) de Leonardo Padura.

ME ENCANTA SER CUBANA... SER CUBANO.

Ser cubano es una profesión, un privilegio, un orgullo, un sentimiento, una dicha, la convicción de pertenecer, una nacionalidad, casi una raza, una obligación.

ME ALEGRO DE HABER NACIDO EN ESA ISLA, LA MÁS HERMOSA QUE OJOS HUMANOS VIERON...

Y me cago en Fidel por haber destruido el país.

De las cenizas y los escombros renacerá Cuba con todas sus virtudes, por la inteligencia, la voluntad de trabajo, la libertad, la justicia, el amor entre todos y... Dios quiera sin los egoísmos, envidias, reelecciones, corrupciones y protagonismos que hundieron el pasado.

Y SIEMPRE CON EL MAYOR AMOR A JESÚS Y BAJO LA PROTECCIÓN DE CACHITA, LA VIRGEN DE LA CARIDAD.

CHISTES CUBANOS DE SIEMPRE[25]

---

[25] Volvemos a recalcar que muchos de estos chistes pueden no ser de origen o tema cubano. Pero, debido a su popular circulación en Cuba o el exilio los añadimos.

CUBANOS EN LA ETERNIDAD

El arcángel Gabriel va a ver al Señor y le dice:
—Tengo que hablar contigo... Hay cubanos aquí que están causando muchos problemas...
—A ver, empiézame a contar —dice el Señor.
—Mira, se subieron en la reja de la entrada y se están meciendo sobre ella como si fuera un columpio; mi Trompeta ha desaparecido misteriosamente, aunque a cada rato la oigo sonar en la lejanía con un ritmo pegajoso, pero demasiado alborotado.
Además, tienen las túnicas salpicadas de frijoles negros y café con leche; han subido a sus perros en las carrozas celestiales, se han quitado las aureolas y andan con gorras de peloteros.
No quieren barrer las escaleras del cielo y se ponen a bailar con las escobas; el suelo de la cocina está lleno de semillas de naranja agria, salpicaduras de sofrito, pulpa de mamey y cenizas de tabaco. Y, como si fuera poco, están organizando peleas de gallos en las nubes y andan volando por ahí con una sola ala y diciendo: «¡Me la comí, asere, si muevo el ala rápidamente vuelo como un colibrí, vaya, soy la candela!»
Ah, y los que puse a cantar en el coro se la pasan gritando: «¡Azúca...!» y repiten un estribillo raro:
«Tin, marín de dos pingué, cuca la mácara títere fue».

Tras oír pacientemente al ángel, el Señor contestó:
—Los cubanos son cubanos, Gabriel, y eso no se puede remediar.. El cielo es el hogar de todos mis hijos con sus defectos y virtudes. Pero si quieres enterarte de lo que son problemas graves, llama al diablo y verás una realidad muy distinta.

Gabriel va hasta el teléfono y llama al diablo.
—Oigo —contesta Satanás.
—Hola, soy yo Gabriel, es que quería...

—Coño, espérate un minuto, chico —interrumpe el diablo y tira el teléfono. Al cabo de unos segundos regresa. —Bueno, aquí estoy de nuevo, ¿qué puedo hacer por ti?
—¿Estás teniendo algún problema con los cubanos que recibiste en el infierno? —indaga Gabriel.
—Oye, chico, espérate un minuto, ahora mismo te contesto, pero tengo que chequear algo —dice Satanás y sale corriendo.
—Perdona la demora, Gabriel. ¿Qué fue lo que me preguntaste? —pregunta el diablo cinco minutos después.
—¿Que si estás teniendo problemas con los cubanos que llegaron al infierno? —repite Gabriel.
—Pero, ¿qué carajo está pasando aquí? ¡Qué coño es esto, caballeros! —grita el diablo exasperado. —Espera, enseguida estoy contigo.
Satanás suelta el teléfono y regresa a los 15 minutos jadeando.
—Oye Gabriel, perdona, pero no te puedo atender ahora. Imagínate que estos cabrones cubanos han apagado el fuego del infierno y están tratando de instalar un aire. acondicionado.

Iba el presidente Grau en un auto oficial por la carretera central acompañado de Paulina. Como el auto iba a exceso de velocidad un guardia de carretera lo detiene. Indignado, el Presidente increpa al oficial:
—¡Oiga, sepa usted que a mí no se me para en la carretera!
Comentario de la Primera Dama:
—¡Ay, Ramón, ni el Palacio tampoco!

La profesora enseñaba su lección sobre los alimentos y para que sus alumnos entendieran mejor la materia, le preguntaba a cada uno que comían en su casa, hasta que llegó el turno de Pepito...
—Bueno profe, en mi casa comemos pan, arroz, chocolate y luz.
—¿Luz?... ¿como esa eso Pepito? —pregunta la profesora.

—Mire profe, es que cada noche mi papa le dice a mi mama, negra apaga la luz que ahora sí que te la comes todita.

☺ ☺ ☺

UNA LOCA REBELDE

La loca está limpiando su cuarto del solar habanero y cantando alegremente. Para limpiar echa mucha agua por todas partes. En eso sube el vecino del cuarto de abajo, enfurecido:
—Oye, estás echando mucha agua y me estás mojando todo el cuarto. Basta ya.
La loca comprende y para de echar agua, pero al poco rato vuelve a la carga con más y más agua mientras canta alegremente. El vecino regresa igualmente enfurecido.
—Ay, sí, perdón, perdón —dice la loca y el vecino se va, pero al poco rato vuelve a echar más agua y sigue limpiando su cuarto.
El vecino regresa con la cara roja como un tomate y el puño en alto:
—¡Basta ya! ¡Respeta, maricón de mierda! Te he dicho que no eches más agua, ¿tú sabes quién soy yo, coño?
A lo que la loca responde toda partida:
—Ay, mi amol, tú debes ser Alka Seltzer, porque yo echo agua y tú suuuuuubessss!!!!

☺ ☺ ☺

Un estibador de La Isabela de Sagua se casa y tiene loca a la mujer pues quiere hacer el amor todo el tiempo. Ya ella está adolorida y desesperada, pero resignada pensando en que podrá descansar cuando tenga el periodo.

Por fin le llega. Por la tarde el marido llega del trabajo y empieza a besarla buscando fornicarla. Ella le dice: «papi; me da mucha pena contigo pero tengo el periodo» a lo que él contesta: «no te preocupes, mami, (frotándose las manos) ¡qué bueno! ¡que bueno! Esta es la semana del culito».

☺ ☺ ☺

Un cubano está bailando en La Tropical con una muchacha que acaba de sacar y al poco rato le pregunta: ¿Por qué no echamos un palito? (fornicamos)

La muchacha sorprendida pierde el habla pero al poco rato reacciona: «oígame, ¿Qué dice usted?» Contesta el cubano. «Le pregunté si quiere echar un palito». «Usted, replica la joven, es un descarado. Deben habele dado muchas galletas». Es verdad, «pero como he echado palitos».

☺ ☺ ☺

CALLES DE LA HABANA:
Las calles más calurosas: VAPOR, HORNOS y SOL.
La más abandonada: DESEMPARADOS.
La que no se pierde: ESPERANZA.
Las más mercantiles: INDUSTRIA, FÁBRICA, MERCADERES.
Las más católicas: OBISPO, JESÚS MARÍA, SAN JOSÉ, CALLEJÓN DEL CRISTO.
Las más españolas: MADRID, BARCELONA, COMPOSTELA.
La más sufrida: AMARGURA.
La más tranquila: PAZ.
Las más alumbradas: LUZ, LAMPARILLA.
La más necesitada: PEÑA POBRE.

☺ ☺ ☺

Estaban dos cubanos sentados en la calle, cuando pasa Santa Claus sobre ellos.
El cubano más pequeño le pregunta a su hermano:

—¿Quién es ese que está allá arriba?
—Papá Noé
Y el chiquito le contesta
—¡Mamá tampoco!

☺ ☺ ☺

—En cuantas partes se divide el cuerpo humano?
¿Depende, si es hombre o si es mujer? Si es hombre se divide cabeza, tronco, extremidades,
—¿y si mujer?
En cabeza, tronco, extremidades y para tronquitos.

☺ ☺ ☺

En pleno centro de La Habana, se había organizado una tremenda fiesta en el departamento de un joven matrimonio, como a las 4:00 A.M. uno de los vecinos, fastidiado por el escándalo, decide buscar una perseguidora e informar sobre el asunto. Uno de los policías de las patrulla, decide investigar y en actitud molesta, sube al departamento, toca la puerta y al salir el dueño de la casa le dice en actitud retadora:
—¿Y eto?
—...¡Heto, te bucan!!!

☺ ☺ ☺

En un hotel 5 estrellas había un botones que siempre recibía a la gente con mucho cariño. Un día llega un tipo alto y dice: «bueno... primero que nada buenas tardes, yo mido 180 cm; tengo un pene que mide 30 cm. Mis cojones pesan 300 grms. cada uno y mi nombre es Dante la Puenta». El botones se va caminando de espalda y cae desmayado. Al despertarlo lo único que pide es que el caballero repita lo que había dicho. El tipo, muy amablemente le repite todo y el botones muy aliviado le dice: ¡Menos mal! Creí haber escuchado: «DATE LA VUELTA»

☺ ☺ ☺

Un cubano, Un colombiano y un boricua van al infierno pero el diablo dice que no tiene espacio sino para dos, por lo que deciden hacer una competencia: el que logre confundir al diablo irá al cielo. El cubano le pregunta al diablo, A ver diablo; ¿cuantos pelos tiene la barba fidel? El diablo respondió exactamente y el cubano fue al infierno. El colombiano pregunta al diablo cuál será el fin de la guerrilla y el diablo responde con fecha y día el final, razón por la cual el colombiano va al infierno. Cuando llego el turno al boricua este pide al diablo una lata vacía con muchos huecos y el diablo se la concede. Inmediatamente el boricua se tira un pedo dentro de la lata y le pregunta al diablo por cual de los huecos el pedo salió, a lo que el diablo responde con lujo de detalles, mostrando el hueco por el cual salió, pero el boricua sonriendo le dice al diablo me salve, por que el hueco por el cual salió fue mi trasero.

☺ ☺ ☺

—Oye hay mucha agua en el Hotel Carimao?
Bueno, en el Hotel Carimao, si no te bañas rápido, te quedas enjabonao.

☺ ☺ ☺

La maestra regaña a Pepito, y le dice:
¿Por qué llegas siempre tan tarde?
—Por el cartel, señorita
—¿Cartel? ¿Qué cartel?
—El que dice: «Despacio, escuela»

☺ ☺ ☺

Llega un cubano al Minimax y le pregunta al pollero: «Chico ¿tienes pollos Cubanos? y el pollero le responde: —Cubanos, No. Llega al otro día y pregunta lo mismo y el pollero cansado que a diario le hiciera la misma pregunta le dice a un amigo; «deja que vuelva a venir este Cubano y ya verás». Al siguiente día llega el cubano nuevamente y hace la misma pregunta. «¿Chico ven «pa ca» tu no tienes pollos cubanos?» El pollero le contesta: Hoy si tengo pollos cubanos y le vende uno. El amigo sorprendido le pregunta al pollero ¿consorte como sabes que ese pollo es cubano? El pollero contesta: «es el único pollo en el corral que estaba comiendo mierda!!»

☺   ☺   ☺

PROFESORA: Esto es increíble, Pepito, en toda la mañana no has puesto nada de atención, solo te has dedicado a hablar, tendré que pedirte que mañana vengas con tu mama.
PEPITO: Pero profe, mi mamá habla más que yo...

☺   ☺   ☺

Pepito llega a casa y dice:
—Papá, papá, ¿eres capaz de firmar con los ojos cerrados?
—Sí hijo.
Pues ciérralos y firma estas notas (las notas de clase, de la escuela...).

☺   ☺   ☺

—Pepito, ¿cuál es la diferencia entre la ignorancia y la indiferencia?
—¡No sé ni me importa!

☺   ☺   ☺

El maestro le pregunta a Pepito ¿cómo suena la M con la A? y Pepito le dice: MA... y otra vez vuelve a preguntar el maestro y si le colocamos la tilde como suena? y Pepito dice:
MATILDE!

☺ ☺ ☺

A Pepito, le van a preguntar la tabla de multiplicar, en un examen, así que decide hacer un papel pequeño (bate, droguita, chuleta, en ingles copy cat) con las tablas de multiplicar y cosérsela en el cuello de la camiseta. Llega a clase y le pregunta la profesora: —A ver, Pepito, dime la tabla del siete. (Mirándose el cuello de la camiseta con cierto disimulo) —Si, señorita... siete por uno es siete... siete por dos son catorce... cien por cien es algodón...

☺ ☺ ☺

A Pepito le mandan a traer cosas que curen.
Al día siguiente le preguntan a Fabiola: «¿Qué trajiste?», «Alcohol»; «¿Quién te lo dio?», «Mi mamá»; «¿Y qué te dijo?», «Que cuando uno se raspa y se infecta, se lo pone».
Luego, le preguntan a Jaime: «¿Y tú?», «Curitas (tiritas)»; «¿Quién te las dio?», «Mi papá»; «¿Y qué te dijo?», «Que cuando uno se corta se lo pone».
¿Y tu Pepito?»... «Una máscara de oxígeno»; «¿Quién te la dio?», «Mi abuela»; «¿Y qué te dijo?», «No te la lleveeeeeees».

☺ ☺ ☺

El domingo próximo es el día de las madres y la maestra le dice a los alumnos que tienen que escribir una composición que tenga el tema «MADRE SOLO HAY UNA». Pepito se va a su casa. Al otro día en la escuela la maestra está recogiendo todas las composiciones...
Un niño dice: Mi mama me cuida mucho... Madre solo hay una...

Otro niño lee su composición: Mi mama me compra juguetes... Madre solo hay una.

Pepito lee su composición: Anoche en mi casa mi mamá tenía una fiesta; al rato de estar en la fiesta las bebidas se terminaron y mi mamá me dijo que fuera a la nevera a buscar mas.

Cuando fui a la nevera me di cuenta de que solamente quedaba una soda... Le grite a mi mamá: Madre, solo hay una...

☺ ☺ ☺

La maestra dice:
—Pepito, ¡Dime cinco cosas que contengan leche!
Y Pepito le dice... ¡Cinco vacas, Maestra!

☺ ☺ ☺

En el colegio, le dice la maestra a Pepito...
—A ver, Pepito, puedes nombrarme a tres miembros de la familia de los roedores?
—Hum... papá roedor, mamá roedora, y bebé roedor.

—Jamas olvidare las ultimas palabras de mi madre.
—¿Qué fue lo que dijo?
—¡¡¡Pepito... No me muevas la escaleraaaaaaaaaaaa!!!

☺ ☺ ☺

¿Cuándo coño va a parar esta lluvia? (Noé, año 4314 AC)
¿Cómo coño se te ocurrió eso? (Su mamá a Pitágoras, año 126 AC)
¡Qué calor, coño! (Juana de Arco, 1431)
¿Cuándo coño vamos a llegar? (Cristóbal Colón, año 1492)
¿Cómo coño quieren que pinte el techo? (Miguel Ángel, año 1566)
¿Qué coño tomaste, Julieta? (Romeo, año 1595)
¿De dónde coño salieron todos estos indios? (General Roca, año 1877)

¿Cómo coño no van a entender esto? (Einstein, año 1938)
¡Vamos, Mónica! ¿qué te pasa? ¿Quién coño se va a dar cuenta? (Bill Clinton, año 1997)
¿Qué coño vamos a hacer con el Prestige? (Aznar, 2002)

☺   ☺   ☺

Hotel para Mujeres
Un grupo de mujeres jóvenes están de vacaciones y de pronto encuentran un hotel de cinco pisos, con un cartel que dice: «Exclusivamente para mujeres». Como están sin sus parejas deciden entrar para ver si vale la pena alojarse allí. El recepcionista, un hombre muy atractivo, les explica cómo es el hotel: «Tenemos cinco pisos... vayan piso por piso, y cuand, encuentren lo que buscan, vienen a registrarse. Es fácil decidir, porque en cada piso hay avisos que indican qué contienen».
Así que entran y, en el primer piso, en el aviso se lee:
   «Aquí todos los hombres son pésimos haciendo el Amor, pero son muy sensibles y amables».
Las amigas sé ríen a carcajadas y sin dudar suben al siguiente. El aviso del segundo piso dice:
   «Aquí los hombres hacen el amor de modo maravilloso, Pero generalmente tratan mal a las mujeres».
Esto no les parece aceptable, así que las mujeres siguen al tercer piso, donde dice:
   «Aquí todos los hombres son amantes excelentes, y son Sensibles a las necesidades de las mujeres».
Esto se ve bueno pero, todavía faltan dos pisos. En el cuarto piso el aviso es sorprendente:
   «Aquí todos los hombres tienen todos, sus cuerpos Perfectos son muy sensibles y atentos con las mujeres, son amantes perfectos, todos son solteros, con mucho dinero y dispuestos a casarse».

Definitivamente las mujeres están intrigadas, pero ellas deciden ver qué hay en el quinto piso, antes de Quedarse en el cuarto. Cuando ellas llegan al quinto, en el aviso dice:

«Aquí no hay hombres. Este piso se construyó sólo para Probar que es imposible complacer a una mujer».

Envía esto a hombres inteligentes que necesitan una sonrisa, y a las mujeres que piensen que son lo Bastantes listas como para sonreír.

☺   ☺   ☺

Un tipo recibe una llamada anónima avisándole que su mujer lo engaña con un tal Fernando... todos los días en cuanto él se va al trabajo.

Al día siguiente, el tipo parte pero se queda espiando desde la esquina.

Al rato ve llegar a Fernando buen mozo, 2 metros de alto, cuerpo atlético, aristocrático, ropa italiana de última moda, el cual con un ramo de flores en la mano, toca el timbre de su casa.

Desde lejos ve que su mujer le abre y lo hace entrar. El marido corre, abre con su llave sin hacer ruido, entra sigilosamente y espía por la puerta entreabierta del dormitorio. Fernando se saca la chaqueta revelando unos hombros poderosos y armónicos. La mujer lo besa apasionadamente y se saca los zapatos.

El marido no sabe que hacer, que decir, ni como intervenir y sólo atina a seguir espiando. Fernando se saca la camisa de seda natural y muestra un torso perfecto, un vientre duro y sin un gramo de grasa. La mujer se saca la falda y lo acaricia con locura.

Fernando se saca los pantalones y sus piernas son virilmente perfectas y un instrumento que le cuelga de envidia.

La mujer se saca la blusa y al soltarse el sostén se le caen las «tetas» hasta el ombligo... «¡Qué horrible escena!»

El marido afligidísimo esconde la cara entre las manos y murmura:

—Coño viejita, ¡qué vergüenza con Fernando!

☺ ☺ ☺

Para que hagan un poco de higiene mental.

Llega un hombre a su casa, y de un grito le dice a su mujer.
—¡Marcela! ¡Preparate para hacer el amor cinco veces!
—Guau!!! mi amor que vienes excitado!
—No. Vengo con cuatro amigos

☺ ☺ ☺

Después de una larga y tendida sesión amorosa en el departamento de ella, el joven se da la vuelta, saca un cigarrillo de sus jeans y busca su encendedor.
Como no lo encuentra, le pregunta a su compañera si tiene uno a la mano.
—Debe haber algunos fósforos en el cajón del velador, responde ella.
Él abre el cajón y encuentra la cajita de fósforos... al lado de la foto de un hombre.
Naturalmente, el joven se preocupa y pregunta «¿Es tu esposo?»
—«No, tontico responde ella acurrucándose amorosamente».
—«¿Tu enamorado, entonces?»
—«No, para nada», dice ella, mordisqueándole la orejita.
—«Bueno, ¿quién es él, entonces?», pregunta el desconcertado muchacho.
Serenamente, la chica responde: —«Soy yo...antes de la operación».

☺ ☺ ☺

Llega un negrito al cielo temeroso de que le nieguen la entrada debido a los problemas del racismo.
—¿Nombre? San Pedro le pregunta.
—Leonardo Di Caprio —contesta el negrito.
San Pedro lo mira incrédulo y le vuelve a preguntar su nombre...

—«Leonardo Di Caprio» —insiste el negrito que no puede echarse atrás.
San Pedro toma el teléfono y confundido llama a Dios.
—Oiga «Jefe», le dice con todo respeto —sáqueme de una duda: El Titanic..., ¿se hundió o se quemó?

☺   ☺   ☺

EL SALARIO DEL PENE:
Hasta ahora no sabíamos que este pequeño amiguito del hombre estaba descontento con el salario que percibía, pero tras recibir este comunicado no nos queda más remedio que admitir la evidencia: El pene no está ni mucho menos contento con el dinero que percibe por realizar su trabajo... sin embargo recibirá su merecido.

SOLICITUD DE AUMENTO DE SALARIO DEL PENE

YO, EL PENE, PIDO AUMENTO DE SALARIO POR LAS SIGUIENTES RAZONES:

—Ejecuto Trabajo físico
—Trabajo a grandes profundidades
—Trabajo de cabeza
—No gozo de descanso semanal, ni días de fiesta
—Trabajo en un local extremadamente húmedo
—No me pagan horas extras ni nocturnidad
—Trabajo en un local oscuro y sin ventilación
—Trabajo a altas temperaturas
—Trabajo expuesto a enfermedades contagiosas

RESPUESTA DE LA ADMINISTRACIÓN

Después de lo planteado por el solicitante y, considerando los argumentos expuestos, la Administración rechaza las exigencias del mismo por las siguientes razones:

—No trabaja ocho horas consecutivas
—Se duerme en el puesto de trabajo después de una corta actividad laboral
—No siempre responde a las exigencias de la jefatura
—No siempre es fiel a su puesto de trabajo; se mete en otros departamentos
—Descansa mucho antes de tiempo
—No tiene iniciativa. Para que trabaje hay que estimularlo y presionarlo
—Descuida la limpieza y el orden del local al terminar la jornada de trabajo
—No siempre cumple con las reglas de uso de los medios de protección e higiene en el trabajo
—No espera a la jubilación para retirarse
—No le gusta doblar turnos
—A veces se retira de su puesto de trabajo cuando aún tiene faena pendiente
—Y, por si fuera poco, se le ve entrar y salir constantemente del puesto de trabajo con dos bolsas sospechosas.

Un jolido chino cubano

Cerca del curro se mudo un jovial chino cubano, quien no sabía pronunciar bien la erre.
Una mañana se encuentran los dos y el Chino dice:
«Buen día señol culo».
Por supuesto que al curro no le hacía gracia, pero lo dejó pasar.
Durante la siguiente semana había el mismo saludo.

El curro no pudo aguantar mas y se compró dos perros alemanes. Los entrenó para atacar al Chino.
Cuando el Chino se acercó para saludarlo, el curro le echó los perros, con suma rapidez, el asiático sacó dos cuchillos de los pantalones, y se paró rígido, listo para enfrentar los perros.
El curro se da cuenta que el Chino va a cortar los perros, y pega un silbido.
Los perros entran a la casa.
Esto se repite varias veces, hasta que el Chino decide poner una denuncia en la comisaría.
El comisario le pregunta cuál es su problema.
El Chino dice:
«Mile señol comisalio, mi denuncia es polque los pelos del culo no me ejan caminal».
El comisario se quedó perplejo, pero le siguió la corriente y dijo:
«Bueno amigo, pues córteselos».
El Chino respondió:
«Eso es lo que quielo hacel, pelo cada vez que los voy a coltal, el culo silba y los pelos se van pa' la adentlo».

LOS GARCÍA QUIEREN TENER UN BEBÉ
Han pasado varios años y Cachita y Hatuey no pueden tener hijos. Les recomiendan ir a Londres a consultar el mejor ginecólogo del mundo. Van a Londres y el médico por medio de señas (no habla español, ni ellos inglés) les hace entender que tienen que hacer el amor delante de él para examinar muy bien la forma en que lo hacen, etc. Los García, que tienen un montón de ganas, empiezan a hacer el amor delante del doctor.
Se ponen a ello con todo su brío, y el doctor se queda allí, mirando, observando atentamente, desde cada ángulo, cada posición, arriba, abajo, derecha, izquierda... hasta que por fin dice:

«STOP!» (eso se entiende en cualquier lengua, por lo de la señal de tráfico). Se sienta en su mesa con aire interesante, y extiende la receta sin mediar palabra.
Super-mega contentos vuelven ellos a su pueblo en Las Villas y van corriendo a la farmacia de guardia para pedir su receta.
— Buenas noches...
—Buenas —¿tiene usted Triteoterol?
—¿Como dice????
— SÍ, TRI-TE-O-TER-OL
—Triteoterol, Triteoterol... no me suena a nada.
—Oiga, se lo juro, que venimos ahora mismo de Londres y nos lo ha recetado un superdoctor...
—A ver, enséñeme la receta.
Ellos le extienden la receta escrita y el farmacéutico la lee. Perplejo, el les dice...
—Creo que habéis leído mal... Aquí pone en inglés: ¡¡¡¡¡TRY THE OTHER HOLE!!!!!! (Intente por el otro agujero)

Un hombre entra a un banco y le dice a la cajera:
—Quiero abrir una cuenta de mierda en este banco.
—Por favor, señor, —dice la cajera— Está prohibido hablar de esa manera aquí.
—Por qué carajo no? —pregunta él.
—Señor, —responde ella —le suplico deje de decir vulgaridades.
—Me importa una mierda lo que piense usted —dice el hombre, yo solo quiero abrir una hija'e puta cuenta en este jodío banco.
Entonces la cajera se va y regresa con el presidente del Banco al cual le había contado lo que sucedía. El presidente le pregunta al hombre:
—Disculpe, caballero, ¿puedo ayudar en algo?
—Vaya la mierda!!!! Claro que sí!!!! Me acabo de ganar 35 millones de pesos en la lotería nacional y quiero abrir una jodía cuenta en esta mierda de banco!!!

El presidente le responde:
Ya veo... y ¿esta puta cabrona, lo está jodiendo?---------------------------
----

☺ ☺ ☺

Pepito le pregunta a la maestra, «Maestra, una niña de 12 años puede quedar embarazada». —Claro que no Pepito. Pepito, entonces le grita a Clarita, una niña de la clase: «Clarita, nos salvamos».

☺ ☺ ☺

La palabra CARAJO, según la Real Real Academia Española[26], es la palabra con la que se denominaba a la pequeña canastilla que se encontraba en lo alto de los mástiles de las carabelas (navíos antiguos) y desde donde los vigías oteaban el horizonte en busca de señales de tierra.

El CARAJO, dada su ubicación, en un área de mucha inestabilidad (en lo alto del mástil es donde se manifiesta con mayor inestabilidad el rolido o movimiento lateral de un barco); también era considerado un lugar de «castigo» para aquellos marinos que cometían alguna infracción a bordo.

El castigado era enviado a cumplir horas y hasta días enteros en el CARAJO, y cuando bajaba lo hacía tan mareado, que se mantenía tranquilo por un buen par de días.

De allí viene la expresión «MANDAR AL CARAJO» y las variantes que a continuación se detallan:

---

[26] Esto no es propiamente cubano y tampoco un chiste, pero se usa tanto esta palabra en la Isla Mayor de las Antillas y es tan interesante, que lo añadimos a esta antología. Guillermo Álvarez Guedes, quien usaba mucho esta palabra en sus chistes, también lo explicó en forma similar. (Nota del Editor).

El CARAJO es un concepto amplio. Es la palabra que define toda la gama de sentimientos humanos y todos los estados de ánimo. Cuántas veces, al apreciar que una cosa es buena o te gusta, no has exclamado:
«¡ESTO ESTA MÁS BUENO QUE EL CARAJO!»

Si la forma de proceder causa admiración entonces dices:
«¡ESE TIPO ES DEL CARAJO!»

Si un comerciante se siente deprimido por la situación actual y por el estado de su negocio, exclama:
«SI ESTO SIGUE ASÍ, NOS VAMOS A IR PARA EL CARAJO»

Cuando alguien se encuentra con un amigo que hace mucho tiempo no ve, le saluda así:
«¿QUE ES DE TU VIDA, DONDE CARAJO TE HABÍAS METIDO TODO ESTE TIEMPO?»

Si te habla un extranjero y no entiendes lo que dice, le preguntas al intérprete:
«¿QUE CARAJO ES LO QUE DICE ESTE?»

Si algo te importa poco, te importa un carajo, pero si ese algo te importa mucho, entonces te importa más que el carajo.
Esa mujer (o ese hombre) está más buena (o) que el carajo.
Fulano vive más lejos que el carajo.
CARAJO!!!! y no hay nada que no se pueda definir, explicar o enfatizar sin añadir un carajo.
Por eso es que estoy enviando este saludo del carajo, y espero que te agrade su contenido más que el carajo.

COROLARIO:
A partir de este momento, podremos decir CARAJO, o mandar a alguien pa´l carajo!!!!, Con un poco más de cultura y autoridad académica...
¡Te envía este mensaje, alguien que te aprecia más que el carajo!

Antología de chistes y otras expresiones humorísticas cubanas

☺ ☺ ☺

—Mamá, mamá, ¿puedo usar minifaldas?
—¡No, ya te he dicho que no!
—Pero, mamá, si ya soy mayor de edad. Tengo 21 años.
—Está bien Víctor, haz lo que quieras.

☺ ☺ ☺

—Papá, ¿por qué te casaste con mamá?
—Tú tampoco te lo explicas, ¿verdad hijo?

—Papá, ¿por qué te casaste con mamá?
—Por culpa tuya mi hijo.

☺ ☺ ☺

—Tía Teresa, ¿para qué te pintas?
—Para estar más guapa.
—Y ¿tarda mucho en hacer efecto?

☺ ☺ ☺

—Gracias, tío, por tu regalo.
—De nada, Pepito, no vale la pena.
—Es lo que yo decía; pero mamá me pidió que de todos modos te diera las gracias.

☺ ☺ ☺

—Tía Teresa, ¿de dónde vienes?
—Del Salón de Belleza.
—Estaba cerrado, ¿verdad?

☺ ☺ ☺

—Papá, ¿qué es un monólogo?
—Lo que tengo yo con tu madre todas las noches.

☺ ☺ ☺

—Mamá, ¿cuándo tendré los senos tan grandes como los tuyos?
—Dentro de unos pocos años.
—¡Vaya!, ¡Los necesitaba para este sábado!

☺ ☺ ☺

—Pepito, ¿sabes en qué se diferencian el papel higiénico y la cortina de la ducha?
—No, mamá.
—Entonces fuiste tú, ¿verdad?

☺ ☺ ☺

—Mamá, yo quiero ser monja.
—Te he dicho mil veces que es imposible, muchacho?

☺ ☺ ☺

—Papá, ¿qué es la telepatía?
—Pues, cuando dos personas piensan a la vez la misma cosa.
—¿Como tú y mamá?
—No, hijo, eso sería casualidad.

☺ ☺ ☺

—Mamá, mamá, una niña de 8 años puede quedar embarazada?
—No, mi amor. ¿Por qué?

—¡Lo sabía!

☺ ☺ ☺

—Mamá, mamá, ¿por qué papá tiene tan poco pelo?
—Es que papá es muy inteligente y siempre está pensando.
—Y entonces, ¿por qué tú tienes tanto pelo?

☺ ☺ ☺

—Mamá, mamá, ¿por qué la novia va vestida de blanco?
—Porque es el día más feliz de su vida.
—¿Y entonces por qué el novio va vestido de negro?

☺ ☺ ☺

—Mamá, mamá, ¿es verdad que nosotros descendemos de los monos?
—No sé, mi amor. Tu papá nunca me quiso presentar a su familia.

☺ ☺ ☺

—Mamá, mamá, me corté un dedito.
—Pues ponte una venda.
—Mami, ¡es que no lo encuentro!

☺ ☺ ☺

—Abuelita, cierra los ojos.
—¿Y por qué quieres que cierre los ojos?
—Porque papá dice que cuando tú cierres los ojos, seremos millonarios.

☺ ☺ ☺

—Mamá, ¿le pediste a papá que me compre la bicicleta?
—Sí, muchas veces; pero es inútil, no quiere.
—¿Has probado con los ataques de nervios como cuando el abrigo de pieles?

☺ ☺ ☺

En una fiesta muy concurrida, llegó el momento de los regalos, y como había más invitados que regalos, se decidió hacer una rifa.
Entre los asistentes había un mudo que, al oír que el moderador anunció que el número ganador había sido el 2440, miró su boleto y comenzó a gemir
«Hum, hum, hum» mientras trataba de abrirse paso entre los asistentes para llegar a la tarima y reclamar su premio, pero nadie reparaba en el pobre mudo.
El 2440, «¡a la una!», gritó el moderador.
Y el mudo, desesperado, siguió apartando gente con sus brazos y gimiendo «Hum hum, hum» para hacer saber que él tenía el número premiado, pero aún estaba muy lejos del moderador.
«El 2440, ¡a las dos!», gritó de nuevo el moderador.
Y el mudo, viendo que no llegaría a tiempo a la tarima para reclamar su premio, en un acto desesperado se bajó el cierre de la bragueta de su pantalón, sacó su pene y se lo mostró a una encopetada señora que estaba a su lado.
Escandalizada, la señora comenzó a gritar:
«¡¡EL MUDO SE LO SACO!! ¡¡EL MUDO SE LO SACO!!»

☺ ☺ ☺

EL MEJOR DE LOS HIJOS

Cuatro tipos estaban jugando dominó en un bar. Al rato de estar jugando, uno de ellos se levantó para ir al baño.

Aprovechando el descanso, los otros 3 se pusieron a platicar, y uno de ellos dijo:
—No es por presumirles, pero a mi hijo le ha ido muy bien en el negocio de bienes raíces. Ha ganado tanto dinero, que ya hasta le regaló una casa a uno de sus amigos...
El siguiente agrega:
—Pues tampoco es por presumirles, pero mi hijo es distribuidor de automóviles importados, y gana tanto dinero, que ya hasta le regaló un Ferrari a uno de sus amigos...
Y el tercero la remata con:
—Pues mi hijo tiene una casa de bolsa, y cómo le estará yendo de bien, que hasta le regaló a uno de sus amigos un paquete de acciones de las mejores...
En eso regresa el que estaba en el baño. Los tres presumidos le preguntan como le ha ido a su hijo, y el les responde:
—Pues la verdad, se está haciendo muy rico. Mi hijo desde chico era medio delicadito, y ahora de mayor, se mariconeó completamente: es un homosexual declarado y trabaja en un salón de belleza del centro de la ciudad. Pero ha de ser muy bueno para lo que hace, porque uno de sus novios le regaló una casa, otro un ferrari y otro un paquete de acciones de las más buenas...

Es un hijo que encuentra novia para casarse y se lo comunica al padre:
—Papá, he encontrado al amor de mi vida, me voy a casar.
—Sí hijo, ¿y quién es ella?
—Jaimita, la hija del carnicero.
—¿Jaimita? Ufff, hijo yo... lo siento pero con esa chica no te puedes casar. En realidad es tu hermana. Yo de joven pues... vivía la vida y... en fin, esperaba no tener nunca que revelarlo pero ahora no me queda más remedio, es tu hermana.

El pobre hijo se va con un disgusto tremendo pues le había costado un huevo encontrar novia para casarse, pero al cabo de 8 meses más tarde ya había encontrado otra y se lo dice de nuevo al padre:
—Papá, he encontrado al amor de mi vida, me voy a casar.
—Sí hijo, ¿y quién es ella?
—Paquita, la hija del zapatero.
—¿Paquita? Jodeeer... hijo yo... no sé cómo decirlo pero... ella también es tu hermana.
—¡Pero Papá!
—Compréndeme hijo! Yo era joven, tu madre y yo no nos llevábamos bien y... en fin.

Nuevamente apesadumbrado deja a la segunda novia. Pero es capaz de recuperarse del trance y al año y medio va donde el padre con una nueva candidata:
—Papá, he encontrado al amor de mi vida, me voy a casar.
—Sí hijo, ¿y quién es ella?
(Responde con firmeza)
—Marieta, es huérfana de madre y además es negra.
—¡Papá no!
—Hijo yo... fui voluntario en la Cruz Roja... todavía joven... tú eras muy pequeño... tu madre y yo... quería vivir la vida...

El hijo no lo soporta más y se marcha llorando a su cuarto. Alertada por los sollozos se acerca la madre que le pregunta por su estado. El hijo, destrozado, le explica las tres intentonas:
—Mamá, me quise casar con Jaimita y resulta que es mi hermana porque papá de joven... ¡en fin, también con Paquita y lo mismo, y hasta con Marieta! ¡No puedo más!
—Hijo, —responde la madre— cásate con la que te salga que ese cabrón no es tu padre.

Una muchacha va a la iglesia a confesarse:
—Perdóneme padre porque he pecado, dice la tipa.
—Bueno hija, cuéntame tus pecados, le responde el cura.
—El otro día estaba caminando por la calle Reina cuando me encontré con un viejo amigo. Fuimos a tomar un cubanito, empezamos a charlar, fuimos a su departamento e hicimos el amor. Y como yo soy tan FRUGIL...
—Frágil, hija, se dice frágil, aclara el sacerdote.
—Bueno, al día siguiente estaba sentada en la plaza de la Catedral cuando de repente se aparece otro amigo. Empezamos a charlar y después terminamos en mi departamento e hicimos el amor. Y como yo soy tan FRUGIL...
—Frágil, hija, frágil, dice otra vez el cura.
—Y ayer estaba con mis amigas cuando se apareció mi novio. Empezamos a conversar, y después fuimos a su departamento y como yo soy tan, ay ¿cuál es esa palabra, padre?
—Puta, hija, puta.

La maestra de cuarto grado le pide a sus alumnos que redacten un breve escrito en el cual traten cuatro temas:

1- LA MONARQUÍA
2- EL SEXO
3- LA RELIGIÓN
4- UN MISTERIO

Y promete que quien primero termine el escrito podrá ir a casa media hora mas temprano. A los dos minutos Pepito le entrega su trabajo.

«¡SE TEMPLARON A LA REINA! AY, DIOS MIO! ¿QUIEN HABRÁ SIDO?»

Una mujer se despierta durante la noche y descubre que su esposo no está en la cama. Se tapa con la sábana y baja las escaleras en busca de su marido. Lo encuentra sentado en la cocina, con una taza de café en la mano. Él parece ensimismado en sus pensamientos, mientras fija su mirada en la pared. Ella observa que le cae una lágrima de un ojo, mientras bebe un sorbo de café. —¿Qué te sucede, querido? —le susurra, mientras entra la cocina. —¿Por qué estás aquí a estas horas de la noche? El marido deposita la taza de café sobre la mesa, la mira y le pregunta en un tono solemne: ¿Recuerdas 20 años atrás, cuando nos comprometimos, que tú sólo tenías 16 años? —Sí, lo recuerdo como si fuera ahora. El marido hace una pausa. No le vienen las palabras fácilmente. —¿Recuerdas cuando tu padre nos pescó haciendo el amor en el asiento del carro? —Sí, me acuerdo —dice la esposa, dejándose caer en una silla a su lado. El marido prosigue: —¿Recuerdas cuando me apuntó a la cara con la escopeta y me dijo: «O te casas con mi hija o te envío a la cárcel por 20 años?» También me acuerdo de eso. —le contesta ella, con voz suave. El marido se enjuga una lágrima de la mejilla y dice: —Hoy hubiese salido...

Un hombre tiene un accidente y pierde los dos testículos...
Lo llevan a la Casa de Socorros y deciden realizar un transplante lo mas rápido posible, pero con la mala suerte que no encuentran donantes. Al ver que la vida del paciente corre peligro, deciden llamar a junta medica. El doctor más viejo cuenta el problema y dice que si en el termino de 24 horas no le realizan el transplante, el accidentado morirá. El medico más joven del grupo dice que conoce una técnica que consiste en implantarle dos testículos que pueden ser de madera o de metal. El medico más viejo opina que lo mejor sera ponerle uno de madera y otro de metal, por si hay rechazo: de esta forma disminuyen el riesgo, ya que, si no tolera uno, es posible funcione el otro. Realizan

la operación y es un éxito, pero, por temor a una frustración, los médicos no le cuentan nada del implante al paciente. Al tiempo, el implantado tiene que ir a revisión y el medico viejo, de forma cauta, decide averiguar como había evolucionado...
Doctor: —¿Como quedó de la operación?
Paciente: —Perfecto, no siento ninguna molestia.
Doctor: —¿Y sexualmente...?
Paciente: —Perfecto, tengo relaciones normales con mi mujer.
Doctor: —Hijos... ¿ha podido tener?
Paciente: —Si, tengo dos.
Doctor: —¿Y como andan?
Paciente: —¡Muy bien! Pinocho entró al jardín de infantes y Robocop pasó a segundo grado.

☺ ☺ ☺

Estaba una muchacha en una fiesta y se le acerca un mozo a ofrecerle más whisky:
—Madame, ¿gusta otra copa?
—No, gracias, me hace daño para las piernas.
—Se le adormecen? —No...se me abren!

☺ ☺ ☺

Se encuentran dos chinos:
—El otlo día me complé un coche.
—¿Ah sí?
—Sí...mila, es ese de ahí.
—Y que malca es?
—Un Alfa.
—Lomeo?
—Lo meas y te lompo el culo!

☺ ☺ ☺

Un cubano acabado de llegar tenía que ir al doctor pero no sabía inglés; así que le pidió a un amigo que fuera con él para que le tradujera.
En la oficina del Doctor:

Doctor: —What´s wrong with your friend?
Amigo: —El Doctor dice que, ¿Qué es lo que tienes?
Cubano: —Dile que me duele en medio de las paletas y el dolor me sube hasta la sien.
Amigo. —He says that his popsicles hurt and it goes up to 100!
Doctor: —What else?
Amigo: —¿Qué más tienes?
Cubano: —Las muñecas me duelen mucho en las mañanas.
Amigo: —He says that his dolls hurt in the mornings.
Doctor: —Tell your friend he is mentally retarded.
Amigo: —El Doctor dice que te pongas mentolato, por las tardes.

☺ ☺ ☺

Una cotorra compite en una carrera con otras. Se pone en fila y cuando suena el pito de arrancada sale a mil millas por hora. Con una velocidad increíble. Da la vuelta a la pista en segundos. Cuando llega a la meta, le dicen: «Felicidades, estableciste un record. Eres la atleta ideal». Ella contesta: «No me jodan. Yo lo que quiero saber quién carajo me metió el cohete en el culo».

☺ ☺ ☺

El marido comienza a hacer un tremendo escándalo porque se puso cabrón y cuando estaba listo para derrumbar la casa, la mujer lo interrumpe:
—Antes de hacer locuras tienes que oír como fue que pasó esto... Yo estaba regresando a casa cuando vi a este joven que parecía cansado, con hambre y harapiento.
—Entonces lo traje a la casa y le di la comida que te preparé ayer y que tu no quisiste comer porque ya habías cenado con tus amigos.

—Él estaba descalzo y entonces le di aquel par de zapatos que todavía están nuevos y que tu no quieres usar porque te los regaló mi mamá.
—Él estaba con mucho frío y yo le di el sweater que te compré para tu cumpleaños y que no usas porque no combina con tu modo de vida.
—Sus pantalones estaban rotos, entonces le di tus «jeans» que estaban en perfecto estado pero que ya no usas porque no te entran.
—Como estaba sucio, le aconseje que se diera un baño y aproveché para darle aquella loción que te traje de Francia que tu nunca usaste porque te daba alergia.
—Ahh y cuando él ya se iba, me preguntó:
—¿Tiene alguna otra cosa que su marido ya no usa?

☺ ☺ ☺

Sinforiano Pérez va a la consulta del doctor a recoger los resultados de los análisis de su mujer y la recepcionista le dice:
—Lo siento muchísimo, Sr. Pérez pero hemos cometido un lamentable error, tenemos un grave problema. Cuando enviamos las muestras de su mujer al laboratorio para proceder a los análisis, se enviaron junto a las muestras de otra Sra. Pérez, de tal manera que ahora no estamos seguros de cuáles son los resultados de su mujer. Estamos desolados.
—¿Pero qué quiere usted decirme?
—Bien, escuche. Una Sra. Pérez dio positivo en el test de Alzheimer y la otra Sra. Pérez dio positivo en el test de SIDA, pero no sabemos cuál de ellas es su mujer.
—¡Es terrible!!! ¿Y qué se supone que tengo que hacer yo ahora?
—Abandone a su mujer en medio de la ciudad y si ella consigue llegar a casa, no se la tiemple.

☺ ☺ ☺

El juez le pregunta a la mujer:
—Digame. ¿Cuál es el motivo por el quiere divorciarse de su esposo?

—Mi marido me trata como si fuera un perro.
—¿La maltrata, le pega?
—No. Quiere que le sea fiel...

☺   ☺   ☺

La política es un relajo en forma de gallinero
y los que suben primero, se cagan en los de abajo...
Pero si se sube un pavo, de peso no muy ligero,
pueda que se rompa el gajo y entonces se van al carajo,
los que subieron primero.

☺   ☺   ☺

CHISTES DE PEPITO Y JAIMITO

Advertencia: algunos de los chistes que a continuación presentamos contienen lenguaje vulgar por lo que si el lector continúa, es usando su libertad. por su propio gusto, riesgo y satisfacción (No responsabilicen después a Pepito).

1) Era una vez el cumpleaños de la maestra. Llega el hijo del carpintero y le regala a la maestra un cajón para pinturas; llega el hijo del dueño de la quincallería y le regala un jarrón; y llega Pepito, que era el hijo del dueño de la licorería, con una caja de la cual cae una gota y antes de que tocara el suelo la maestra mete el dedo y se lo lleva a la boca diciendo:
—¿es ron?
—no
—¿es aguardiente?
—no
—y entonces ¿qué es?
—Un perrito.

2) Le dice la profesora a sus alumnos: ¿Veamos niños díganme a qué se dedican sus mamás? y le pregunta a Martica:
—¿a ver Martica a qué se dedica tu mamá?
—mi mamá es doctora
—que bien Martita —dice la profesora. ¿A ver Pepito y su mamá a qué se dedica?
—¡ah! maestra mi mamá es sustituta
—pero niño no se dice sustituta será prostituta
—no maestra mi tía es la prostituta mi mamá va cuando no va mi tía...

3) Estaba una vez Pepito en su clase y la maestra les pidió a sus alumnos que trajeran los nombres de los colores más raros que pudieran encontrar como tarea.
Pepito en su casa encontró la respuesta «azul ultramarino». Al día siguiente:
—niños sus colores, ¿a ver tú fulanita cuál encontraste?
—verde gallo maestra.
—muy bien. ¿y tu menganita el tuyo?
—amarillo pus. Bien hija bien.
Y así continúa hasta llegar a Pepito. (Pero antes de llegar a él, un compañero negrito le pregunta...) ¿cuál vas a decir?
—No te digo por que me lo vas a copiar, no, no lo digo... bueno está bien, te lo digo, azul ultramarino.
Pregunta la maestra:
—¿a ver Luisito cuál es tu color?
—azul ultramarino
Pepito dice:
—negro mierda
—¡muy bien Pepito muy bien!

4) La maestra le reclama a Pepito:
—Pepito ¡copiaste en el examen de ayer!
A lo que Pepito responde:
—¡Mentira! Yo no copié profe, ¡cómo puede creer eso de mí!

—Entonces, por qué donde Juanito puso «no lo sé» tú pusiste «yo tampoco».

5. Un día Pepito, que era muy niño, quería jugar con su papá y le dijo al papá:
   —¡papá, papá! yo quiero que tú seas puto
   —¿cómo se te ocurre que yo sea puto?
   —sí yo quiero que seas puto
   —¿bueno Pepito si me dices otra vez eso te pego muy duro?
   —Pero papi yo quiero que seas puto
   Y entonces el papá le pegó y Pepito dijo:
   —Está bien papá yo seré puto y tú, Mickey.

6) Sucede que a Pepito le dieron ganas de cagar en el bosque y se sube a un árbol de mangos, para que no lo vean pero en ese momento pasaba una pareja y le dice el señor a la señora
   —mira que mangos
   —no, son toronjas
   Y así discutieron un buen rato y Pepito se cansa de escucharlos y les dice:
   —Coño... ni mangos, ni toronjas, son mis huevos que están pelones.

7) Pepito se levanta por la mañana y le pregunta a su mamá:
   —Mami, los caramelos de chocolate caminan por la pared.
   —No Pepito.
   —Hay mamá, ¿qué hasco!, entonces me comí una cucaracha.

8) Está Pepito mirándose desnudo en el espejo y le pregunta a su abuelo que está a su lado.
   —¿Abuelo, cuanto te parece que pesa mi «pipí»?
   —Pues unas 5 onzas.
   —¿Y el de mi papá?
   —Pues unas 8 onzas.
   —¿Y la tuya?

—Pues no lo sé exactamente, pero debe pesar mucho porque entre tu abuela y yo no la podemos levantar.

9) Un día la mamá de Pepito y Jaimito, ya muy brava por los enredos de sus hijos, decide ir a ver al cura para que la ayude a controlar a sus hijos. Entonces le dijo el cura:
   —Esta bien mándemelos pero primero me mandas a uno y luego al otro.
   Al rato llega Pepito donde está el sacerdote y el padre le pregunta:
   —¿Pepito dónde esta Dios?
   Pepito no contesta y él vuelve a preguntarle a Pepito:
   —¿Dónde esta Dios?
   Y no contesta. Después de preguntarle varias veces sigue sin contestar. Le vuelve a preguntar pero con voz mas fuerte y no contesta, entonces Pepito sale corriendo a su casa y se esconde en un closet y lo ve su hermano y le pregunta:
   —¿qué te pasa?
   —es que se perdió Dios y nos están echando la culpa.

10) Estaba la maestra preguntandole a los alumnos que iban hacer cuando fueran grandes y pregunta:
    —¿Tú qué vas hacer de grande, Pedro?
    —Yo voy a ser bombero.
    —¿y tú Alex?
    —Ingeniero.
    —¿Y tú Laurita?
    —yo voy a ser mamá.
    —¿Y tú Pepito?
    —yo voy a ayudar a Laurita para que sea mamá.

11) Está Pepito en clase de física y le pregunta la maestra:
    —A ver Pepito, ¿que pasa si echamos una piedra al agua?
    —Muy fácil, la piedra se hunde, maestra.
    —Y, ¿si echamos un palo?
    —Le inflo la barriga maestra.

12) Un hombre propietario de una cotorra muy habladora viaja por Cuba. Paseando por las calles de Varadero se topa con un policía que le dice: Señor, se prohíben las cotorras habladoras en los hombros de las personas.
—Coño, responde el hombre.
—Sr. tiene Vd. una multa de 25 pesos por decir una mala palabra.
—Carajo, ¿cómo es posible?
—Sr. tiene Vd. una multa de 25 pesos más.
—Pero no jodas, chico.
—Ahora deberá pagar 100 pesos.
—Dice la cotorra: «Dale 150 pesos y cágate en su madre».

☺ ☺ ☺

Luego del parto, el médico habla con el padre del recién nacido:
—Mire, hubo una pequeña complicación en el parto. Tuvimos que ponerle oxígeno a su hijo.
—¡COÑO!... y yo que quería ponerle «Paco».

☺ ☺ ☺

La maestra le pide a Pepito que dibuje un huevo.
El empieza a dibujar
y se mete la otra mano en el bolsillo,
entonces una de las compañeritas grita:
¡Señorita, Pepito está copiando!

☺ ☺ ☺

Pepito hablando con un amigo suyo:
¿Qué le vas a pedir a los Reyes Magos?
Un tren eléctrico, un coche de juguete... ¿y tu?
Un tampax.
¿Y eso qué es?

Bueno, no se exactamente lo que es, pero tiene que ser algo alucinante, porque puedes correr, nadar, saltar, caerte... y no te pasa nada

☺ ☺ ☺

Pepito le pregunta a la maestra:
Maestra, ¿de dónde salen los pollitos?
De los huevos, Pepito.
Maestra, ¡No me asuste!

☺ ☺ ☺

En la escuela de Pepito, entra la maestra a su salón y les dice:
«Niños, el día de hoy toca la clase de sexología, y el tema es la masturbación».
Ni tarde ni perezoso Pepito la interrumpe y le dice:
«Maestra, ¿y los que ya templamos nos podemos ir?»

☺ ☺ ☺

La maestra ha dado una clase de Anatomía y ahora habla de hacerse rica con una buena conexión como base. Pepito que tiene cinco años salta.
—Maestra; ¡que inteligente es usted! Ahora veo cómo con la Anatomía uno se hace rico. Mire mi mamá me dijo que los hombres que tienen un pipí chiquito son pobres y los que tienen un pipí grande son ricos.
—Pepito ya sé que tu mamá es médico ¿Que tiene que ver eso con hacerse rico?
—Que mi papa, yo lo vi, le dio un beso a la criada, se hizo rico porque como le creció aquello e hizo después una buena conexión.

☺ ☺ ☺

—¿Pepito, cuál es el problema?

—Es que soy demasiado inteligente para estar en el primer grado. Mi hermana está en tercero y yo soy más inteligente que ella. ¡Yo quiero ir para el tercero también! la profesora ve que no puede resolver el problema y lo manda para la dirección. Mientras Pepito esperaba en la antesala, la profesora le explica la situación al director. Este le promete hacerle un test al muchacho, que seguro no conseguirá responder a todas las preguntas, y así accederá a continuar en el primer grado. Ya de acuerdo ambos, hacen pasar al alumno y le hacen la propuesta del test, que él acepta.

—A ver Pepito, ¿cuánto es 3 por 3?
—9.
—Y ¿cuánto es 6 veces 6?
—36.

El director continúa con la batería de preguntas que un alumno de tercer grado debe conocer y Pepito no comete ningún error. Por lo que el director dice a la profesora:

—Creo que tendremos que pasarlo al tercer grado. ¿puedo hacerle yo unas preguntas también? inquiere la profesora... el director y Pepito asienten.

—¿Que tiene la vaca 4 y yo sólo dos?
—Las piernas. —Responde sin dudar.
—¿Qué tienes en tus pantalones, que no hay en los míos? el director se ajusta los lentes, y se prepara para interrumpir...
—Los bolsillos —responde el niño.
—¿Qué entra al centro de las mujeres y solo detrás del hombre? estupefacto, el director contiene la respiración...
—la letra «e», —responde el alumno.
—¿Y donde las mujeres tienen el pelo más encaracolado?
—En áfrica, responde Pepito sin dudar.
—¿Qué es blando, y en las manos de una mujer se torna duro?
—El esmalte de uñas, profesora.
—¿Qué tienen las mujeres en medio de las piernas?
—Las rodillas, responde Pepito al instante,
—Y qué tiene una mujer casada más ancha que una soltera?
—La cama.

—¿Qué palabra comienza con la letra c y termina con la letra o y puede estar claro u oscuro? —el director empieza a sudar frío.
—El cielo, profesora.
—¿Y qué empieza con o, tiene un hueco y yo se lo entregué a varias personas?
Nervioso y asustado, el director les interrumpe y le dice a la profesora:
—¡¡¡Póngame a Pepito en cuarto grado, yo mismo las habría errado todas!!! ...

☺   ☺   ☺

LA COMPOSICIÓN
La maestra pide en el salón de clases hacer una composición en la que todas las palabras empiecen con la letra P, al poco rato dice un niño:
—Pedro pinta piedras, pobre pintor parisiense pinta paredes, potes, puertas, pedestales, pisos, por pocos pesos para poder pasar por parís.
—Muy bien dice la maestra.
Pepito que no quería quedarse atrás dice: yo tengo la mía y dice:
—Profesora Pedra Pérez pide Pepito pronuncie palabras principien por P... en ese momento los compañeros de clase se burlan de él, a lo que Pepito responde:
—«paciencia... profesora Petra Pérez pide Pepito preste pitico para pequeño palito pero Pepito poco pendejo piensa poner profiláctico para prevenir preñar profesora Petra Pérez».

☺   ☺   ☺

Pepito, y Juanito están sentados frente a la maestra que es muy joven y bella. A Juanito se le cae la regla y con Pepito se agacha para recogerla. La maestra tiene las piernas abiertas y se le ven sus partes,
—Mira Pepito, dice Juanito, un gato.
Contesta Pepito: «Ese animal peludo no es un gato. El gato tiene la boca de lado y este la tiene de arriba abajo y muy grande».

☺ ☺ ☺

Pepito es muy inteligente en la escuela y la maestra llama a su mamá y lo convida a pasarse el fin de semana en casa de ella, en una finca muy linda. La maestra, por la noche, le dice a Pepito que hay una sola cama y que tienen que dormir en ella. Cuando se acuestan Pepito le dice a la maestra que no se puede dormir sino le pone el dedo en el ombliguito porque está acostumbrado a ello, porque así duerme con su mamá. Se duermen y Pepito le pone a la maestra el dedito en el ombliguito. De pronto, de madrugada, la maestra siente que hay algo tocándole su parte sexual y le dice: «Pepito, ese no es el ombliguito». «Ya lo se maestra. Y tampoco es el dedito».

☺ ☺ ☺

La maestra está en una clase de información sexual y dice: «los niños de diez años no pueden embarazar a las mujeres». Pepito se levanta y le grita a Cuquita. «Cuquita, ya te dije que conmigo no había problema».

Pepito le ve el aparato sexual a su hermanita y le pregunta a la madre: «Mamá ¿qué es eso?». «Pepito, dice la madre, es una heridita que un angelito le hizo a tu hermanita». «Pues mamá, contesta Pepito, a ti te tiró a matar».

☺ ☺ ☺

Pepito esta en la playa bañándose con su primita Maricusa. Maricusa le dice a Pepito: «Pepito mira como me aboyo» y se pone flotando boca arriba.

Pepito se pone estirado de espalda flotando sobre el mar y exclama: «Maricusa mira como me empingo» («Bollo», en cubano es el aparato sexual de la mujer y «pinga» el del hombre».)

☺   ☺   ☺

La maestra, en la clase de Botánica, le pone como tarea a los niños que lleguen en la próxima clase disfrazado de flores. Al día siguiente se presenta Lolita llena de rosas. La maestra le pregunta de qué va ella disfrazada y dice que de rosal. Albertico llega envuelto en yaguas. La maestra le pregunta de que va disfrazado y el contesta que de palma real. En eso llega corriendo Pepito, desnudito y con una flor que le sale del culito. La maestra sorprendida le grita. «¿Pepito, que es eso?». «Maestra estoy disfrazado como usted quería. Voy a ganar el premio». ¿Pero de que estas disfrazado con esa flor que te sale del culito? De Culiflor, maestra.

☺   ☺   ☺

Un cubano compartía en un solar una habitación con un chino al que estaba siempre mortificando y el chino, encabronado decía: «te voy hacer venganza china». El cubano seguía fastidiándolo y el chino continuaba amenazándolo don aquello de la venganza china. El cubano no le hacia caso.
Una noche el cubano, mientras dormía siente un peso en el estómago. Mira para la cama del chino y piensa. Así que venganza china es una piedra en el estomago. La coge y la tira por la ventana y da un grito horrible. El chino se la había amarrado a los testículos. El chino lo mira y dice: «Te dije que te iba a hacer, venganza china».

☺   ☺   ☺

Un chino va a una casa de putas y se pone a fornicar con una mujer que le empieza a chupar el aparato. Cuando está en ese menester otra puta le pregunta: «María, ¿dónde está el jabón?», «y ella con el aparato del chino en la boca le contesta con dificultad (fingir la dificultad): «en el baño». El chino la mira de mal humor. Al poco rato le pregunta «María, ¿dónde está el lápiz de cejas?» La mujer con el aparato del chino en la boca le contesta con dificultad (fingir la dificultad): «en mi cuarto». El chino se pone de más mal humor. Le hace así otra pregunta: María, donde esta el desodorante. Contesta con dificultad porque tiene el aparato sexual del chino en la boca: «En la mesa de noche». El chino no aguanta más y contesta: «China, que tú te has creído. Que mi pinga son teléfono». (Pinga es pene.) (Hablar como el chino.)

☺   ☺   ☺

Un balsero acabado de llegar a Miami quiere comprar cigarros. Va a una maquina de cigarros y saca las monedas. Pone 25 centavos donde dice en inglés «quarter»; cinco centavos donde dice, «nickel». Entonces se acerca a donde dice «dime» pone la boca sobre la rendija y dice: «Chesterfield».

☺   ☺   ☺

Hace tiempo, en Miami, uno de los supermercados de la cadena Sedano lo incendiaron en un acto terrorista. Ahora se supo que fue un polaco contratado por un grupo terrorista. Le dijeron que cuando llegara a Estados Unidos, fuera al Senado y lo incendiara. El polaco se bajó en Miami, vio el supermercado Sedano y dijo: «Aquí es». Y le prendió fuego».

☺   ☺   ☺

El HOMBRE descubrió el VIDRIO e inventó la BOTELLA.
La MUJER descubrió el VIDRIO e inventó el ESPEJO.
El HOMBRE descubrió la BARAJA y ahí mismo inventó el JUEGO.
La MUJER descubrió la BARAJA e inventó la BRUJERÍA.

El HOMBRE descubrió la PALABRA e inventó la CONVERSACIÓN.
La MUJER descubrió la CONVERSACIÓN y ahí mismo inventó el CHISME.
El HOMBRE descubrió el DINERO e inventó el COMERCIO.
La MUJER descubrió el COMERCIO e inventó el CRÉDITO.
El HOMBRE descubrió la COMIDA e inventó el ALMUERZO Y LA CENA.
La MUJER descubrió el ALMUERZO y LA CENA e inventó la EMPLEADA DOMÉSTICA.
El HOMBRE descubrió el TRABAJO e inventó el SALARIO.
La MUJER descubrió el SALARIO y lo gastó...
El HOMBRE descubrió a LA MUJER e inventó el SEXO.
La MUJER descubrió El SEXO e inventó el MATRIMONIO.
DESPUÉS DE ESTO EL HOMBRE
NO VOLVIÓ A INVENTAR NADA...

☺ ☺ ☺

Los cubanos ya no le dicen al palillero así sino «el viejito».
—¿Por qué?
—Porque solo echa un palito. (Nacido, este chiste, en el Exilio.)

☺ ☺ ☺

Un individuo llega a la casa y se encuentra a la mujer en la cama y a un individuo escondido debajo de ella. Muy bravo, le pregunta a la mujer. —¿Qué hace ese hombre debajo de la cama? —Bueno, encima de ella hace maravillas. Yo no sé lo que hace debajo.

☺ ☺ ☺

Un abogado se casó con una mujer que ya se había casado anteriormente seis veces.
La noche de nupcias, en el cuarto del hotel, la novia le dice:

—Por favor, mi amor, sé gentil. ¡Mira que yo todavía soy virgen!...
Perplejo el novio, que sabía ella se había casado en seis oportunidades anteriores, le pidió que aclarara la situación.
Ella respondió:
—Mi primer marido era un psiquiatra. Él solo quería conversar sobre el sexo. Mi segundo marido era ginecólogo. Él solo quería examinar el local. Mi tercer marido era un coleccionista de estampillas. Él solo quería lamer el chocho. Mi cuarto marido era Gerente de Ventas. Él decía que sabía que tenía el producto, pero no sabía cómo utilizarlo. Mi quinto marido era Funcionario Público. Él decía que comprendía perfectamente cómo era, pero no tenía la certeza de que fuera competencia de él. Mi sexto marido era Ingeniero. Él decía que si estaba funcionando, mejor era dejarlo tranquilo y no meterse con él. Y finalmente, agregó amorosamente:
—Por eso es que ahora me he casado con un abogado porque estoy totalmente segura de que de una forma u otra, ¡al final me vas a terminar cogiendo! (coger es fornicar en países del Suramérica)

☺ ☺ ☺

Un guajiro va a ver a Batista y el general lo recibe en su despacho.
—Bueno, dígame lo que quiere,
—General, yo quiero hablar con usted en el fondo.
—Pero mira viejo, aquí tenemos un despacho amplio, y tomo café cuando quiero y te convido. Ademas estamos cómodos.
El hombre sigue insistiendo: —General quiero hablar con usted pero en el fondo.
—Pero viejo insiste el General: aquí se ve la calle y vamos a estar más cómodos.
Pero el hombre sigue insistiendo:
—General-presidente, yo quiero verlo en el fondo.
Por fin, intrigado, Batista le contesta:
¿Y por qué me quieres ver en el fondo?

—General, porque todos dicen que usted es un hijo de puta, pero que en el fondo es bueno.

☺ ☺ ☺

En que se parece la bandera del cuatro de septiembre a los blumes de una querida de Batista. En que Batista la sube y la baja cuando le sale de los huevos.

☺ ☺ ☺

Batista va a Washington y los americanos lo convidan a un banquete. Cuando el banquete termina con todos los platos queda el «plus» y le ofrecen un plus a Batista, de esta manera:
—General, ¿a usted le gusta el Chartre? (El chartres suena como «echar tres).
Batista contesta:
—No, no, yo solamente echo dos. (A fornicar los cubanos le llaman «echar un palo»).

☺ ☺ ☺

Un cubano va a Viena y se va a oír el concierto del pianista Cheverón. Entra en la sala. Sale el artista, se sienta al piano, lo acomoda a sus necesidades y comienza el concierto que es muy bueno. Terminado el concierto, Cheverón se retira al camerino y en eso entra el cubano:
—Polaco, mi hermano, vengo a felicitarte. ¡Te la comiste! Un fenómeno la forma en que interpretaste al español Faya. ¡Tremendo!
El polaco Cheveron le contesta:
—Por el acento veo que tú eres cubano. Mira, yo soy el polaco Chevriski y me cambié el nombre, como si yo fuera español, porque no quiero que la gente sepa que yo soy polaco y empiecen a decirme que soy un bruto. «¿Cómo es posible que supiste que yo era polaco, si yo toda mi vida lo he ocultado?»

Contesta el cubano:

—Mi hermano eso es muy fácil. Cuando alguien se sienta frente a un piano aproxima la banqueta al piano. Y tú lo que hiciste fue halar, el piano hacia la banqueta. A lo mejor te herniaste.

☺ ☺ ☺

El alcalde de Miami es un polaco que habla muy bien el español. Esta tomando café con un amigo y se acerca un cubano y le dice al amigo a quien conoce: «Oye Chucho, te voy a hacer un cuento polaco. El alcalde polaco, que ya sabe la naturaleza de estos cuentos señala: «Óyeme cubano, yo soy polaco. Y el cubano contesta: «no te preocupes. Yo te lo hago despacito».

☺ ☺ ☺

—La primera ministra de Israel es puertorriqueña.
—Cómo lo sabes.
—Porque se llama Golda.
(Los puertorriqueños, como muchos cubanos, incluyendo mi tía, en vez de «r» pronuncian «l».)

☺ ☺ ☺

El hombre está oyendo la radio de Miami y el locutor dice: un conductor se ha metido en el Palmeto —el elevado— en contra del tráfico. El hombre que maneja un taxi y que va a recoger a su casa a un pasajero piensa en el trastorno que esta causando el conductor y exclama: «¡Cómo un conductor, ese es un hijo de puta!

☺ ☺ ☺

Un locutor y comentarista radial de inicio del exilio está leyendo una noticia sobre el Papa y cuando tiene que decir la silla en que se sienta se queda pensando y dice:
—El Papa estaba sentado en su silla giratoria.
Termina la lectura y entra furioso a decirle al redactor de la noticia:
—Suerte que soy un genio y cambié la palabra. Imagínate si hubiese dicho silla gestatoria.

Batista va a una exposición de arte pero como está preocupado en no hacer un buen papel pide que lo acompañe un famoso crítico de arte y literatura. Se paran frente a un Mijares y el crítico le susurra y Batista comenta en voz alta:
—Extraordinaria obra artística. Los azules de Mijares parecen llevarnos al Cielo.
Frente a un cuadro del famoso curator y pintor R. G. Viera, susurran y él exclama:
—Bellísimo, son motivos africanos, quizás con alguna influencia de Lam, pero con mucho estilo.
Y frente a un rostro de Picasso le susurran: «Qué cara, qué gesto». Sin haber oído bien sentencia:
—¿Qué carajo es esto?

Un cubano y un extranjero está discutiendo sobre cual de sus naciones tiene la novena maravilla del mundo. El extranjero le dice al cubano que en su país hay un Valle llamado Sonora y, «mira, tu dices SONORA, frente al valle y te repite; Sonora, Sonora. Cientos de veces».

«Pues eso no es nada», dice el cubano. En Cuba hay un valle y si tú te paras frente a él y dices «Yumurí», Yumurí, te responde enseguida, porque te reconoce, hasta el infinito: Tu madre, tu madre...

El padre cura está predicando en contra del mambo cuando surgió porque creía que sus movimientos son pecaminosos. Pide a los feligreses que hagan una buena donación para el fondo de propaganda contra el mambo. Va recogiendo las donaciones: cinco pesos; diez pesos, de pronto un señor joven y mulato le entrega mil pesos. El padre le pregunta: «¿Quién es usted?». Responde el donante: «Yo soy Pérez Prado» (Es el que inventó el mambo). El padre empieza a bailar mambo en cuanto recibe el dinero: «Mambo, ¡qué rico el manbo!» (El que hace el chiste tira unos pasillos mientras entona el mambo, «Mambo, que rico el mambo».)

Un polaco se sienta en primera en un vuelo hacia Varsovia desde Nueva York. Una azafata le indica que el boleto de él es de la clase turística y que por lo tanto debe dejar el asiento que ocupa al que lo compró. Se niega y entonces la azafata va al ver al capitán que es cubano y éste va a ver al polaco. Le pone la mano en el hombro; le habla al oído. El polaco, enseguida se levanta y se va al asiento que le han indicado. La azafata sorprendida pregunta al capitán:
—Capitán, ¿pero cómo es posible? Yo llevo un tiempo grande tratando de convencer a ese polaco que vaya para su asiento sin conseguirlo y usted lo logra con solo hablarle al oído. ¿Que usted hizo?
—Yo le dije que ese asiento no iba para Varsovia.

Oye, ¡Que susto he pasado!
¿Que te sucedió viejo?
Muchacho que andaba con Rosaura y por fin logré meterla en la Posada (hotel) y muchacho, salía mi mujer de ella. ¡Por poco me agarra!

☺ ☺ ☺

Pepito está con un tipo que se la da de saber francés. Hay una mujer con las piernas semi abiertas. El que dice saber francés ve que va con mucha joya encima y que por lo tanto no es para él, porque es muy rica y para consolarse suspira y dice filosóficamente, en francés: Celavi (ce la vie en francés.) Pepito mira para las piernas de la mujer y exclama: yo también se lo vi.

☺ ☺ ☺

Dos viejos deciden celebrar los cincuenta años de casados. El viejito le dice a la mujer. Vamos a celebrarlo haciendo lo mismo que hicimos aquella noche. Entonces se van para la estación del tren y paran en un hotelito en medio del campo donde pasaron la primera noche. Van al cuarto y entonces ella le dice: «Pepe, recuérdate que cuando llegamos aquí, como no hay baño fuiste alla abajo a orinar. No, no dejes el sombrero.
Ellos iban vestidos como la primera noche de luna de miel.
El hombre baja y ella lo encuentra muy apesadumbrado y le pregunta:
—Mi vida, ¿qué te pasa? ¿Porque estás tan triste? ¡Ay amor! Es que cuando nos casamos al orinar me oriné el sombrero y hoy me oriné los zapatos.

☺ ☺ ☺

Un tipo le dice a un amigo:
—Estoy preocupado, mi esposa se desconcentra y pierde el interés cada vez que hacemos el amor. Y yo no se que hacer.
—Pero hombre; responde el otro: Sabes que a mí me pasaba lo mismo con mi mujer, y lo que hice una vez fue que, cuando estábamos haciendo el amor y noté que estaba perdiendo el interés, saqué mi pistola y

tiré al aire. Del susto la mujer se excitó de nuevo y terminamos genial. Haz la prueba. Toma, te presto la pistola.
Al día siguiente se encuentran los dos de nuevo.
—¿Qué, cuéntame como te fue con mi técnica?
—Ni me hables; Responde el otro apesadumbrado. Estábamos haciendo el 69, y cuando vi que mi mujer estaba desanimándose, saqué la pistola y le tiré al aire, bueno, del susto mi mujer me cagó en la cara; me arrancó un huevo de un mordisco, y, para completar, del armario salió un tipo desnudo del closet, con las manos arriba y pidiendo perdón.

—Pancracio, tu que eres tan sabio, como se define las palabras mamancia.
—El cubano responde que es un «acto piadoso donde la lengua vuelve a su lugar de origen».
—¿Acto piadoso?
—Claro tonto, lo hacemos de rodilla.

No es lo mismo tubérculo que ver tu culo.

Juanita se divorció del «medio tiempo» con el que se casó.
—¡Pero si le iba dar filete!
—Pero no se lo dio. Cuando ella protestó de que no estaba durita y que la engañó y que no le estaba dando filete el tipo es tan descarado que le contestó: «pero si te estoy dando filete: el filete es «suavecito». (En cubano «dar filete» con interpretación sexual» es «hacer feliz sexualmente a una mujer»).

☺ ☺ ☺

Una hondureña y una nicaragüense, emigrantes, se colocan en Miami con un cubano y un americano respectivamente. Cambian impresiones sobre su trabajo. La nicaragüense le dice:
—Oye, ¡qué contenta estoy! Figúrate. Estos americanos me tratan estupendamente. Tengo cada, comida y me dan buen sueldo. Como en la mesa con ellos. ¿Y tú?
—Yo estoy igual que tú, pero con un matrimonio de cubanos. El sueldo excelente y el trato, pero chica el cubano tiene un defecto es tremendamente alardoso.
—No me digas, cómo tú lo sabes.
—Es que, mira, lo llaman por teléfono, y un compatriota le preguntaba si tenía un picazo.
—¿Y sabes lo que contestó?
—¿Que le contestó?
—Que tenía tremendo picazo cuando yo se que lo que tiene es un picacito así. (Y señala con los dedos el pequeño tamaño).

☺ ☺ ☺

Un chino lleva a su mujer, una bella mulata, al medico porque tiene catarro, y apenas puede hablar. El médico le pregunta al chino:
—Su mujer «esputa».
El chino contestó en su forma de hablar:
—No, ella no es puta. Ahora es particular. (Es decir no es puta en una casa de puta sino que trabaja por su cuenta).

☺ ☺ ☺

La maestra de acuerdo con este manual de medicina las partes de la mujer se llaman partes pudendas.
—Partes qué maestra, preguntó Pepito.
—Pudendas.

—Eso maestra debe ser en griego porque en español mi padre le dice a mamá: «dejame besarte tu cosita, tu chochito, mami.

☺ ☺ ☺

Juan Angulo es un niño. La maestra de la escuela le dice: Juan Angulo me han dicho que eres poeta. ¿Es verdad? Si señorita. Entonces la maestra le pide que improvise una poesía y Juan Angulo con sus seis años recita:
—Yo me llamo Juan Angulo, entró en el mar y el agua me da por la rodilla.
Juan Angulo, replica la maestra
—Pero eso no rima.
Juan Angulo replica.
—Maestra, no se apure, deje que suba la marea».

☺ ☺ ☺

Paco trabaja en el Registro Civil y llega Manolo. Oye Paco, vengo a inscribir a mi hijo.
—Como quieres llamarlo.
—Quiero que se llame «Superman» porque es muy fuerte.
—Chico, Manolo tienes que ponerle otro nombre. Ese aquí no se admite.
—Pues mira como el niño es tan ágil ponle «Batman».
—Chico eso tampoco se admite. Date cuenta que esta oficina nada más que admite nombres de pila.
—Coño, habérmelo dicho. Ponle, entonces «Duracel» («Es el nombre de una pila famosa en el mercado norteamericano e internacional»).

☺ ☺ ☺

FUNERAL EN ISABELA DE SAGUA:

Eran dos pescadores, hermanos gemelos, uno soltero y otro casado. Un día muere la esposa del hermano casado y, para mayor desgracia, al otro hermano se le hunde una chalana de pesca, vieja y destartalada, que era su herramienta de trabajo y sustento.

Una viejita del pueblo, curiosa y chismosa, va darle el pésame al viudo a la funeraria. Pero confunde a los jimaguas y se dirige al que ha perdido la lancha.

—Me acabo de enterar de su pérdida. Debe ser terrible perderla.

—Sí, estoy desbaratado, pero tengo que calmarme y enfrentar la realidad. Comprendo que ya estaba vieja. La rajadura de adelante estaba tan grande, que ya no había con qué llenarla. Y el agujero de atrás se agrandaba cada vez que se usaba.

—Además estaba deformada al medio y no se le podía quitar el olor a pescado. La parte de atrás estaba muy caída y las curvas de adelante casi habían desaparecido.

—Pero yo me siento muy bien, pues se la presté a cuatro amigos para que se divirtieran y la disfrutaran, aunque les pedía que la usaran con cuidado. Pero se montaron los cuatro a la vez y... ella no aguantó.

Dicen que a la vieja le dio un infarto y la enterraron al otro día.

En una charanga en Songo
me encontré una negra conga
que tenía una tonga
de gusto en el borondongo.
Enseguida, le prepongo
salir a bailar pachanga
le pongo la burundanga
mientras tocaban la Rumba

y al poco tiempo Lumumba
estaba entrando en Watanga.

Francisco Vergara
Se lo dije a Caridad

☺ ☺ ☺

Un viejito de ochenta años es acusado de violar a una jovencita. El abogado pide que el juicio sea a puertas cerradas. Le pide al presidente del tribunal, a lo que éste consiente, que el viejito se baje los pantalones y muestre el arrugado y pequeñito instrumento como pieza de convicción. El abogado defensor empieza la defensa: ¿como es posible señores magistrados que con este penecito se pueda violar a una mujer de treinta años? (Y toca el pene del viejito.) ¿Como es posible que este penecito, pueda penetrar? Y vuelve tocar el pene del viejito. Y habla y toca y toca. Entonces el viejito le dice al oído:
—Doctor, si me sigue tocando perdemos el juicio.

☺ ☺ ☺

La muchacha se da una hartura tremenda de frijoles y se va a la cama porque se siente muy llena: «Mamá me voy a la cama, porque estoy muy llena». —Esta bien mi hija. Estando en la cama entra en el cuarto sin que la madre se de cuenta, Frijolito, el novio de la joven y empieza a hacer el sexo. Ella gritaba «ay, ay, ay». Entonces la madre la oye y le pregunta: —¿Hija, de que te quejas? —Ella contesta —Es que Frijolito me está haciendo daño. —Te lo dije hija, te lo dije, que no comieras tanto.

☺ ☺ ☺

Entra un hombrecito de 4 pies al ascensor y junto a él, sube un negro ENORME.

Luego de un corto silencio, que a nuestro pequeño hombre le pareció una eternidad, se escuchó el vozarrón del negro que dijo:
—Yo soy un Cundo. Mido 6.7 pies de altura, 250 libras de peso, tengo un pito (pene) de 14 pulgadas, testículos fuertes y grandes, soy cubano, Dante Huerta.
(Dicho todo esto le extiende la mano en actitud de saludo).
El hombrecito, instantáneamente, se desploma y se desmaya. Asombrado el negro, lo toma entre sus brazos y le da algunas leves cachetadas para reanimarlo.
Una vez que el hombrecito vuelve en sí, el gigante cubano le pregunta:
—¿Qué le paso amigo..?
El hombrecito, sin dejar de mirar al negro, con el espanto pintado en su rostro, le pregunta en un hilo de voz al negro:
—¿Me... puede... repetir... lo... que... dijo...???
—Por supuesto, amigo: Yo soy un Cundo. Mido 6.7 pies de altura, 250 libras de peso, tengo un pito (pene) de 14 pulgadas, testículos fuertes y grandes, soy cubano, Dante Huerta.
—¡UUUFFFfff...!!!!! ¡qué tremendo alivio socio!!!!! había entendido «Date Vuelta...»

☺ ☺ ☺

DÍAS DE FIESTA AMERICANOS ENTRE CUBANOS:

El día antes de «Thanksgiving», saliendo del Sedano, me dice la cajera cubana al entregarme el recibo de mi compra «Adiós, señor y «japi sanguibin» y me dejó pensando cómo se dicen y escriben «en cubano» los nombres de los días de fiesta que se celebran aquí en los Estados Unidos.
  Y se me ocurrió hacer una pequeña lista de acuerdo a los meses del año:

Primero tenemos el *«balentain» (St. Valentin)*, día de los enamorados y de las florerías y de salir a bailar con los novios y los maridos, que ese día se portan mejor que nunca para que se olvide toda la mierda que hicieron el resto del año.

Después viene *«ister»*, domingo de resurrección, para ir a misa por única vez en el año y hacer penitencia (???). Algo así como ofrecerle a Dios no comer quimbombó en toda la cuaresma o no decir más de un «coño» al día.

El próximo es el *«forzoyulai»* (Four of July), día de la independencia, cuando debemos darles una lección a los hijos del American «jistori» (history) llevándolos a la playa y a ver los fuegos artificiales.

Al comenzar septiembre tenemos *«leibordei»* (Labor Day) que es el día en que los que tienen suerte son los que trabajan para compañías grandes o el Estado, y no tienen que ir al trabajo. Los que tienen la desgracia de trabajar en tiendas, restaurantes, fondas, o para los hijoeputas que no perdonan un cabrón día del año, se tienen que joder y no disfrutar de un día libre.

Luego viene *«jaloguin»* (Hallowin), día en que los nietos se ponen disfraces de papel o de plástico que solo duran las dos o tres horas del «tricotri» antes de ripiarse en mil pedazos, y van de casa en casa recogiendo caramelos que luego no deben comer porque pueden estar envenenados o tener cuchillas de afeitar, puestas por psicópatas perversos dentro de los Hershey bars.

La fiesta siguiente es *«sanguibin»* (Thanksgiven) cuando viene toda la familia, hasta Cachita y Joaquín, los tíos de «Niullersi» (New Jersey) que nadie soporta, porque nada más que hablan de toda la plata que ganaron este último año en su venduta de ropa fina, a comerse el «terqui» (turkey) estilo cubano, relleno de picadillo y chorizo, con arroz, frijoles y yuca y, de postre, un flan o pudín de pan.

Después viene *«crismas»* (Christmas), día de asar el lechón en la caja china del patio, desde el amanecer hasta que está listo a las 8 de la noche, «paquesté blandito» y que se «desbarate solo», tarea de los hombres de la familia mientras vacían unos cuantos «sispacs de jainequen». Las mujeres preparan los acompañantes, que serán los mismos que los del «terqui», menos el postre, porque para este momento se compran los turrones. Los nietos corretean por toda la casa acabando con la paciencia de las mamás, abuelas y tias que los mandan pa' fuera en donde se dedican a tirarle piedras a la caja china pa» tumbarla con lechón y todo y así joderle el día a los papás, tios y abuelos.

Y por último, *«niuyiar»*, la fiesta a todo meter de fin de año en donde las mujeres se encasquetan sus más finos ajuares comprados en Berta y Pepe o en la tienda de ropa fina y exquisita de «Cheo y Mamita» en la calle Ocho, y sacan «palfresco» toda la gangarría que guardan en la gaveta de arriba de la cómoda y que compraron en el pulguero de Flagler. Ese día comen más lechón y más arroz con frijoles y más yuca y engordan 10 libras más mientras que los hombres se toman un barril de «jainequen» y las mujeres le ripean el pellejo al resto del mundo socializando con vasos de vino.

Cuando los cubanos de aquí le cuentan a sus familiares en Cuba sobre estas fiestas, ¿lo escribirán así? ¿Será que el pueblo cubano tiene un spelling particular y propio para los holidays gringos?

¿Hablarán de los *«forzoyulai fayercraquers»*, del «crismas chopin" y del *«sanguibin terqui»*? ¿Cómo le dirán a nuestros tres reyes magos, los «*triguaismen*»? ¿Y a nuestro día del trabajo, «*leibordei*»?

¡Ah! ... y los nombres que le ponen a los hijos (también en la Isla):

YUSMEIL	=	US MAIL
YUSIMI	=	YOU SEE ME
AISIYU	=	I SEE YOU
BELSAUS	=	BELLSOUTH
YUSNAVI	=	US NAVY
MILEIDI	=	MY LADY
YAMAMEPATRA»	=	LLÁMAME PARA ATRÁS
COLMIBAC	=	CALL ME BACK

Recuerda aquel bello nombre de «SANTORAL AL DORSO».

Que idioma tan pintoresco hemos inventado en este exilio de Miami. Hasta el inglés ya nos sabe a «yuca y arroz con frijoles».

Bueno, los dejo con el pensamiento cubano del día:

AI LOV YU MAYAMI
AI LOV YU JAYALIA
AN AI LOV TU ESPIC INGLISH,
ESPESIALI GÜIS MAI QUIUBAN FRENGS AN NEIBORS.

A DIETA...

Pareja bailando la rumba

OBRAS PUBLICADAS DE
JOSÉ SÁNCHEZ-BOUDY

027-5	LOS CRUZADOS DE LA AURORA
042-9	EL PICÚO, EL FISTO, EL BARRIO Y OTRAS ESTAMPAS CUBANAS
043-7	LOS SARRACENOS DEL OCASO CUENTOS GRISES
080-1	EKUÉ, ABANAKUÉ, EKUÉ
4158-7	LIBRO QUINTO DE LECTURA, GRAMÁTICA Y ORTOGRAFÍA, Antonio Leal & José Sánchez-Boudy
090-9	LA NUEVA NOVELA HISPANOAMERICANA Y TRES TRISTES TIGRES
115-8	LIBRO DE LECTURAS SUPERIORES
129-8	CUENTOS A LUNA LLENA
130-1	BAUDELAIRE (PSICOANÁLISIS E IMPOTENCIA)
3721-0	LA SOLEDAD DE LA PLAYA LARGA, MAÑANA MARIPOSA
134-4	HOMO SAPIENS (teatro del no absurdo)
135-2	LILAYANDO
141-7	CROCANTE DE MANÍ
153-0	LA POESÍA NEGRA DE JOSÉ SÁNCHEZ-BOUDY, René León
159-X	LEYENDAS DE AZÚCAR PRIETA
168-9	LILAYANDO PAL TU (MOJITO Y PICARDÍA CUBANA)
192-1	AFRO-CUBAN POETRY
199-9	DICCIONARIO DE CUBANISMOS I
218-9	ÑIQUÍN EL CESANTE
2359-5	LEZAMA LIMA: PEREGRINO INMÓVIL, Álvaro de Villa y José Sánchez-Boudy
224-3	TIEMPO CONGELADO (Poemario de una isla ausente)
247-2	LA REBELIÓN DE LOS NEGROS
248-0	LA TEMÁTICA NOVELÍSTICA DE ALEJO CARPENTIER
2532-8	CUBA AND HER POETS (THE POEMS OF JOSÉ SÁNCHEZ-BOUDY)
2533-6	ORBUS TERRARUM
257-x	LA TEMÁTICA NARRATIVA DE SEVERO SARDUY
286-3	POTAJE Y OTRO MAZOTE DE ESTAMPAS CUBANAS
312-6	LA NARRATIVA DE JOSÉ SÁNCHEZ-BOUDY (TRAGEDIA Y FOLKLORE) Laurentino Suárez
318-5	MI BARRIO Y MI ESQUINA
321-5	CUENTOS BLANCOS Y NEGROS
331-2	CUENTOS DE LA NIÑEZ
336-3	DICCIONARIO DE CUBANISMOS II

372-X	TUS OJOS CUBA: SOSIEGO, VIENTO, OLA
3722-0	PREGONES
415-7	PATRIÓTICAS
416-5	DICCIONARIO DE CUBANISMOS III
427-0	CALENDARIO SOLEDÁ - GUAYABA Y LÁTIGO (Poemas de Güao y Caimito)
447-6	VIDA Y CULTURA SEFARDITA EN LOS POEMAS DE «LA VARA», Berta Savariego & José Sánchez-Boudy
4491-8	HISTORIA DE LA LITERATURA CUBANA EN EL EXILIO I
457-2	DICCIONARIO DE CUBANISMOS IV
448-3	FULASTRES Y FULASTRONES Y OTRAS ESTAMPAS CUBANAS
500-5	DICCIONARIO DE CUBANISMOS V
549-8	DICCIONARIO DE CUBANISMOS VI
5144-2	EL CORREDOR KRESTO
546-3	DILE A CATALINA QUE TE COMPRE UN GUAYO
547-1	DEWEY Y LA CRISIS DE LA EDUCACIÓN EN LOS ESTADOS UNIDOS
548-x	LA CRISIS DE LA CIVILIZACIÓN OCCIDENTAL
575-7	PARTIENDO EL «JON»
577-3	ENRIQUE JOSÉ VARONA Y CUBA (ensayo biográfico)
584-6	LA ILEGITIMIDAD Y AJURICIDAD DE LOS ACTOS DEL GOB. CASTRISTA
644-3	LA UNICA RECONCILIACIÓN NACIONAL: LA RECONCILIACIÓN CON LA LEY
650-8	LA PERENNIDAD DE LA CONSTITUCIÓN DE LOS ESTADOS UNIDOS Y OTROS ENSAYOS,
700-8	¡GUANTE SIN GRASA, NO COGE BOLA! (REFRANES CUBANOS)
710-5	DICCIONARIO MAYOR DE CUBANISMOS
739-3	FILOSOFÍA DEL CUBANO Y DE LO CUBANO
927-2	DICCIONARIO DE REFRANES POPULARES CUBANOS
950-7	DICCIONARIO DE PIROPOS POPULARES CUBANOS
971-x	ANTOLOGÍA DE CHISTES Y OTRAS EXPRESIONES HUMORÍSTICAS CUBANAS
449-1	ACUARA OCHÚN CARACOLES VERDES
4490-X	ACHÉ, BABALÚ, AYÉ
8-057-x	EL RESCATE DE LA CUBA ETERNA (La Cuba Eterna: contra los que la roban o la asesinan),
8-058-8	DE LAS FILOSOFÍAS DESTRUCTIVAS CONTEMPORÁNEAS: BERGSON, SARTRE Y OTROS ENSAYOS (en colaboración con Hortensia Ruiz del Vizo

8-062-6 EL EXILIO HISTÓRICO Y LA FE EN EL TRIUNFO (NI DIÁLOGO NI TRANSICIÓN, EXTIRPACIÓN),
8-069-3 ELIÁN Y LA CUBA ETERNA
8-071-5 LA VERDADERA CUBA ETERNA
8-077-4 LA CUBA ETERNA: POR LA ERRADICACIÓN DEL COMUNISMO
8-084-7 LA CUBA ETERNA IV. QUE HABLE LA HISTORIA
8-089-8 LA CUBA ETERNA V: EL DESTRUCTIVO PROTAGONISMO
8-098-7 LA CUBA ETERNA VI: NO EL REGRESO AL PASADO SINO LA PATRIA ETERNA
8-110-x CUENTOS DE UNA VIDA VIVIDA, José Sánchez-Bouy
8-113-4 CUENTOS DE MALEFICIOS, MALDEOJO Y OTROS
8-116-9 CUENTOS DEL CAMINO DE LA VIDA
8-119-3 LA CUBA ETERNA VII. La Cuba Eterna y el Siglo XXI
8-121-5 CUENTOS DE HUMANOS, MONSTRUOS Y GÜIJES,
8-126-6 EL VUELO DE LA PALOMA Y OTROS CUENTOS
8-146-0 LA CUBA ETERNA VIII. LOS HOMBRES QUE NO SE RINDEN
8-147-9 LA CUBA ETERNA IX: CUBA Y SU DESTINO ANTIHISTÓRICO
8-153-3 LA CUBA ETERNA X: LA FUERZA DE LAS IDEAS DEL EXILIO HISTÓRICO
8-158-4 MI CUBA. COCUYANDO AURORAS. ALA Y JAZMIN
8-161-4 ESTAMPAS DE LA CUBA ETERNA I
8-165-7 LA CRISIS DEL MUNDO OCCIDENTAL
8-170-3 ESTAMPAS DE LA CUBA ETERNA II
8-183-5 ESTAMPAS DE LA CUBA ETERNA III. ¡ESTO ES CUBA CHAGUITO!
8-186-x ESTAMPAS DE LA CUBA ETERNA IV. CUANDO CUBA BAILABA
8-191-6 HONDURAS: DERECHO Y DIGNIDAD DERROTAN AL COMUNISMO
8-197-5 EL IDIOMA ES EL IMPERIO (DEL ESPAÑOL Y OTRAS LENGUAS)
8-198-3 ESTAMPAS DE LA CUBA ETERNA V: SACANDO CHISPAS DE LA HUMEDAD
8-209-2 LA MUJER EN LA POESÍA NEGRA
8-210-6 DE LA ESPAÑA QUE NUNCA DUERME
8-216-5 LA CUBA ETERNA XII
8-229-7 MI PATRIA DE PALMAS Y MAMBISES. POEMAS A CUBA

www.ingramcontent.com/pod-product-compliance
Lightning Source LLC
Chambersburg PA
CBHW030320080526
44584CB00012B/638